GEORGES FEYDEAU

LA
LYCÉENNE

VAUDEVILLE-OPÉRETTE

EN TROIS ACTES

MUSIQUE

DE M. GASTON SERPETTE

PARIS

PAUL OLLENDORFF, EDITEUR

28 *bis*, RUE DE RICHELIEU, 28 *bis*,

1888

LA LYCÉENNE

VAUDEVILLE-OPÉRETTE

Représenté pour la première fois, à Paris, sur le théâtre des Nouveautés, le 23 décembre 1887.

DU MÊME AUTEUR:

EN PRÉPARATION :

IMPRIMERIE GÉNÉRALE DE CHATILLON-SUR-SEINE. — A. PICHAT.

GEORGES FEYDEAU

LA
LYCÉENNE

VAUDEVILLE-OPÉRETTE

EN TROIS ACTES

MUSIQUE

DE M. GASTON SERPETTE

PARIS

PAUL OLLENDORFF, EDITEUR

28 *bis*, RUE DE RICHELIEU, 28 *bis*,

1888

PERSONNAGES

SABOULOT . . . . MM.	SAINT-GERMAIN.
BOUVART.	ALBERT BRASSEUR.
CARLIN	GAILLARD.
DU TRÉTEAU	GUY.
BICHU	TONY RION.
LEMPLUMÉ	BOURGEOTTE.
ALEXANDRIN	SCHEY.
FIRMIN	DUBOIS.
LE RÉGISSEUR	X.
L'EMPLOYÉ	JACOTEAU.
UN GARÇON DE CAFÉ	PROSPER.
UN GARÇON DE SALLE	X.
FINETTE . . . . Mmes	JANE MAY.
MADAME BICHU	F. GÉNAT.
ALICE	PITTER.
BERTHE	DASYLVA.
SOPHIE	IRMA DE BURY.
ANITA	GUILBERT.
CLARISSE	MITHOIR.
ROSE	VARENNE.
AGATHE	BENDER.
ÉMILIE	DEVILLIERS.
GABRIELLE	

DOMESTIQUES, INVITÉS, INVITÉES, ÉLÈVES, PROMENEURS, GOMMEUX, COCOTTES.

———

Pour toute la musique et le droit de représentation, s'adresser à la maison CHOUDENS, 30, boulevard des Capucines.

LA LYCÉENNE

ACTE PREMIER

Le théâtre représente la salle à manger des Bichu. Le décor est à pans coupés. Portes, pan coupé de droite et de gauche. Salon dans le fond, que l'on aperçoit dans une glace sans tain. De chaque côté de la glace, baies communiquant avec le salon. (Salon et salle à manger illuminés.) Une grande table servie au milieu de la scène. — A droite, premier plan, une table recouverte d'un tapis vert. A gauche, premier plan, une cheminée. Au lever du rideau, tout le monde est à table. On est au dessert, au moment des toasts. La gaîté règne à la table du repas.

SCÈNE PREMIÈRE

SABOULOT, ALEXANDRIN, BICHU, MADAME BICHU, FINETTE, BERTHE, ALICE, INVITÉS, INVITÉES, FIRMIN.

Madame Bichu occupe le milieu de la table avec Saboulot à sa droite, Finette à sa gauche. Bichu lui fait vis-à-vis, le dos tourné au public. A la droite de Saboulot, Alice qui est voisine d'Alexandrin. Berthe, de l'autre côté, est séparée de Finette par un invité : de chaque côté de Bichu, dos au public, invités et invitées. — Au lever du rideau, Alexandrin est debout à sa place, il est en train de porter un toast en vers... Il vient de terminer une période et tout le monde applaudit.

1

TOUS.

Bravo ! Bravo !

ALEXANDRIN, fort accent marseillais.

Toi, chaste et belle enfant, apporte à ton époux
Ta candeur virginale et ton amour jaloux.
Et toi, l'époux, tu sais, plus de batifolage !
Adieu la courtisane avec le mariage !
Il en est temps encore, mais il faut y penser...
A partir de la noce, on ne peut plus nocer.

TOUS.

Ah ! Bravo ! Bravo !

ALEXANDRIN, à madame Bichu.

Et toi, sèche ta larme, ô ! mère de famille !
Ne vas-tu pas pleurer d'avoir casé ta fille ?
Tu peux avoir gros cœur de la quitter sitôt,
Mais le mal n'est pas grand et dis-toi: « Ça le vaut ! »

TOUS, ahuris.

Hein ?

ALEXANDRIN, reprenant rapidement.

Ça le vaut, car le ciel, rien qu'en cette journée,
Va de leurs deux destins faire une destinée,
Aussi je n'ai qu'un vœu quand je vois votre hymen ;
Je vous dis : « Mes enfants, ah ! buvons au prochain. »

TOUS.

Ah ! charmant, bravo !

SABOULOT, se levant sans quitter sa place.

Ah ! mon cher poète, merci ! C'est très gentil ça.... un
peu lugubre, par exemple... Vous êtes un peu pressé de
boire à notre prochain mariage... Mais à part ça, c'est
très bien.

MADAME BICHU, minaudant.

Et comme on voit tout de suite que c'est en vers.

SABOULOT.

Comme Victor Hugo.

BICHU.

Eh ! mon Dieu, qu'est-ce qu'il a fait de plus, Victor
Hugo ?

SABOULOT.

Il a eu la chance de s'appeler Victor Hugo, voilà tout.

ALEXANDRIN.

Voilà tout.

SABOULOT.

Et vous vous appelleriez Victor Hugo, que vous seriez un très grand homme...

ALEXANDRIN.

Enfin, n'est-ce pas qu'il y a là dedans un certain souffle ? Vous n'avez pas senti mon souffle ?

SABOULOT.

Oh! vous savez, de ma place... Est-ce que vous avez remarqué, madame Bichu?

MADAME BICHU.

Je suis très enrhumée.

ALEXANDRIN.

Eh ! non, je veux dire que j'y ai mis un certain *assent*.

SABOULOT.

Ah! parbleu! si je l'ai remarqué... l'accent du midi.

ALEXANDRIN, à Finette.

Et vous, mademoiselle Bichu,... non, future madame Saboulot ?

MADAME BICHU.

Finette, on te parle... Ne mets pas ton coude sur la table.

FINETTE, brutale.

Quoi ?

ALEXANDRIN.

Ça vous a-t-il fait plaisir, ces vers que je vous dédie ?

FINETTE, même jeu.

Moi, je ne sais pas !... je n'ai pas écouté.

ALEXANDRIN, interloqué.

Ah! vous ne...

FINETTE.

Non, les vers, je trouve ça idiot, n'est-ce pas, Alice ?

ALICE.

Oh ! oui !..

TOUS.

Ah !

MADAME BICHU, vivement.

Finette... voilà une façon de répondre...

FINETTE.

Tiens, c'est lui, qui demande...

MADAME BICHU.

Qui, lui ?

FINETTE.

Eh ! bien... lui... Chose ! M. Alexandrin... Il me demande comment je trouve ses vers... Il n'a qu'à ne pas me le demander...

MADAME BICHU.

En voilà une raison ! Quand un ami vous lit des vers qui vous ennuient, on doit dire : « Ah ! c'est charmant ! » Tu as vu comment nous avons tous répondu... Excusez-la, monsieur Alexandrin... Elle a encore la simplicité de l'innocence.

ALEXANDRIN.

Mais, madame Bichu, je vous en prie...

BICHU.

Elle sort à peine de la pension, où elle a reçu une brillante éducation.

ALEXANDRIN.

Ça se voit.

FINETTE.

Je sors même de plusieurs pensions... je n'ai jamais fait que ça, moi... sortir de pension... Dès que j'y entrais c'était bâclé... (Elle fait avec ses mains le signe de flanquer à la porte.) Ah ! je suis un tempérament...

MADAME BICHU.

Finette !

FINETTE.

Il paraît que mon caractère est incompatible avec la discipline...

SABOULOT.

Bigre !

MADAME BICHU.

Finette, tu es insupportable, tu n'as pas besoin de dire ça au dîner du contrat...

BICHU, se levant.

Tenez, si vous voulez bien, nous irons prendre le café dans le salon voisin. (Appelant Firmin.) Monsieur... monsieur!... avez-vous servi le café ?

FIRMIN.

On va le servir, monsieur... je demande pardon à monsieur, si le service laisse un peu à désirer... mais j'avais commandé un maître d'hôtel d'extra, à la maison Bidoche, et il m'a fait faux bond ; alors...

BICHU.

Mais comment donc monsieur, comment donc!...

SABOULOT.

C'est votre domestique que vous appelez, monsieur ?

BICHU.

Oui, je lui dois des égards... Il donne un vernis littéraire à ma maison... C'est un ancien prix d'honneur de Charlemagne.

SABOULOT, se levant et allant serrer les mains à Firmin.

Lui, allons donc?... (A Firmin.) mes compliments, mon cher...

FIRMIN.

Qu'est-ce qu'il y a ?

SABOULOT.

Prix d'honneur de Charlemagne, vous sortez de Charlemagne... Moi aussi... Ah ! que c'est cocasse ! Un copain ! En quelle année y étais-tu?

FIRMIN.

En 59 et 60 !

SABOULOT.

Mais moi aussi, l'année où Choquart... Tu as connu Choquart?

FIRMIN.

Parbleu!

SABOULOT, aux convives.

Il a connu Choquart, mes amis.

TOUS.

Il a connu Choquart!

SABOULOT, à Firmin.

L'année où Choquart s'est fait flanquer à la porte pour avoir introduit des petites dames dans le dortoir... Ah! quelle nuit, hein?

FIRMIN.

Ah! hein! tu y étais?... Euh! tu permets que je te tutoie...

SABOULOT.

Va donc, et qu'est-ce qu'il est devenu, Choquart?

FIRMIN.

Il a fait son affaire... il est agent des mœurs.

SABOULOT.

Ah! ce bon... Comment t'appelles-tu déjà? Je te reconnais bien, mais c'est ton nom...

FIRMIN.

Firmin Badol...

SABOULOT.

Comment c'est toi Firmin Badol... Oh! bien, je ne t'aurais jamais reconnu. (Aux convives.) C'est Firmin Badol, je le reconnais très bien... ce crétin-là; il avait tous les prix.

Le monde peu à peu quitte la table, les domestiques commencent à desservir.

FINETTE.

V'là ses camarades à mon futur époux! (A Saboulot.) Dites donc, puisque c'est un de vos amis, présentez-moi.

SABOULOT.

Non, laissez donc... Vous savez, un ancien camarade, ça me rajeunit.

FINETTE.

Oh ! alors continuez...

Elle remonte vers Alice et Berthe.

FIRMIN.

Non... mais c'est drôle, je ne me rappelle pas du tout avoir connu de Saboulot...

SABOULOT.

Comment, tu ne te rappelles pas mon nom... Oh ! que c'est drôle... Après ça, c'est peut-être parce que je m'appelais Briguet dans ce temps-là... c'était le nom de maman... je l'ai porté jusqu'à ma majorité... Après ça, maman m'a donné celui de mon parrain.

FIRMIN.

Ah ! Briguet, parfaitement ! Briguet qu'on avait surnommé l'huître parce que tu bâillais au soleil.

SABOULOT.

Voilà. Eh bien, moi, tu vois, je me suis voué à l'enseignement. J'étais professeur de physique et de chimie au lycée de Lorient, mais à l'occasion de mon mariage, le ministre vient de me faire nommer à Marmontel, ce nouveau lycée de jeunes filles qu'on vient de construire...C'est un poste de confiance... tu comprends, on ne peut pas livrer comme ça des jeune filles... Il fallait un homme incapable...

FIRMIN.

Alors on t'a nommé !

SABOULOT.

Comme incapable de toute idée de libertinage. Voilà !... Ah! ce bon Badol... ça me fait plaisir de te revoir... (Changeant de ton.) Et maintenant que j'ai suffisamment sacrifié aux souvenirs du collège... reprenons nos rangs respectifs. Firmin, voulez-vous me faire le plaisir d'aller servir le café.

FIRMIN, ahuri revenant à son rôle.

Ah ?... Bien, monsieur...

BICHU.

Allons, la main aux dames.

SABOULOT, offrant son bras à Finette.

Venez-vous, ma chère fiancée ?

FINETTE.

Si je veux venir. J'irai bien toute seule.

SABOULOT.

Parfaitement. (A part.) Elle est gentille, ma fiancée, mais elle est bigrement mal élevée.

Tout le monde gagne le salon du fond, sauf Finette et madame Bichu.

SCÈNE II

MADAME BICHU, FINETTE.

MADAME BICHU.

A nous deux. Tu sais, toi, tu vas me faire le plaisir de te tenir mieux que ça... et d'être plus aimable avec ton fiancé.

FINETTE.

Ah ! bien, il en verra bien d'autres, mon fiancé.

MADAME BICHU.

Ça, après, ça vous regarde ! mais avant ton mariage...

FINETTE.

Il n'est pas encore fait, mon mariage.

MADAME BICHU.

C'est ce que nous verrons. Tu n'as pas été prise en traître, n'est-ce pas !... Je n'aurais jamais fait ça, moi, parce que les parents n'ont pas le droit de contrarier les inclinations... aussi, je t'ai consultée ! Je t'ai dit : tu épouseras ce monsieur.

FINETTE.

Et je t'ai répondu : non.

MADAME BICHU.

Et je t'ai fait un pinçon pour t'apprendre à répondre :

« non » à ta mère. Tu vois bien que nous sommes d'accord.

FINETTE.

Oui, comme ça...

MADAME BICHU.

Et puis, et puis, ton père et moi, nous voulons ce mariage. M. Saboulot est un savant... un universitaire... et ton père tient à voir sa fille dans l'université.

FINETTE.

Elle se passera de moi, l'université.

MADAME BICHU.

Qu'est-ce que tu lui reproches à M. Saboulot? C'est un professeur de physique.

FINETTE.

De physique, il ferait mieux d'en avoir un peu plus et de l'enseigner un peu moins.

MADAME BICHU.

C'est un homme sérieux, raisonnable.

FINETTE.

Il est assez vieux pour cela.

MADAME BICHU.

Quoi vieux ! Ton père est son aîné et je suis bien sa femme.

FINETTE.

Il est chauve, il porte perruque.

MADAME BICHU.

Comme tous les savants, il a le cheveu rare.

FINETTE.

Oui, alors il le met sous une housse. Je n'aime pas les housses sur les meubles.

MADAME BICHU.

C'est bien ! Dis tout de suite que tu ne veux pas te marier, que tu veux coiffer sainte Catherine.

FINETTE.

Moi, je n'ai pas dit ça ! Seulement, j'ai pu rêver autre chose.

1.

COUPLETS.

I.

Tu connais, maman, le dicton
Quand on parle du mariage :
Ce n'est qu'un jeu, pas davantage,
Un coup de carte, nous dit-on.
Soit, mais c'est un jeu pour la vie !
Ça vaut bien qu'on y pense un peu,
Mets tous les atouts dans mon jeu...
Si je dois risquer la partie.

C'est comm'ça, c'est comm'ça
Que je comprends le mariage.
    Et voilà, et voilà
Comme on est heureux en ménage,
    Oui, voilà, voyez-vous ! (*bis*)
    Comment on trouve un bon époux.

II

Quoi, je serais l'autre moitié
De cette moitié ridicule.
Ah ! maman, comprends qu'on recule...
Moi, sa femme, ça fait pitié !
Le premier point est de se plaire,
Quand on veut un ménage heureux,
Et l'on n'a qu'un couple boiteux
Si les deux ne font pas la paire.

C'est comm'ça, c'est comm'ça,
    Etc., etc.

MADAME BICHU.

Eh ! tu ne sais pas ce que tu dis ! Est-ce que tu peux
savoir à ton âge ?... Moi je te réponds que tu épouseras
Saboulot.

FINETTE, colère.

Non, non, non, là.

SCÈNE III

LES MÊMES, BERTHE, ALICE.

BERTHE.

Ah! tu es là, Finette?

ALICE.

Nous t'attendions au salon.

FINETTE.

J'allais venir, seulement c'est maman qui fait de l'autocratie.

MADAME BICHU.

C'est elle qui est une petite sotte.

ALICE, bas à Berthe.

Oh! il y a de l'orage.

MADAME BICHU.

Aussi colère qu'entêtée. Ma parole d'honneur, tu tiens de la mule et du dindon.

FINETTE, faisant la révérence.

Vous n'êtes pas aimable pour ma famille.

MADAME BICHU, exaspérée.

Voilà comme elle me répond, ma fille... ma fille que j'ai été seule à porter dans mon sein! Ecoute... je t'avertis que si tu n'épouses pas M. Saboulot, je te flanque sur-le-champ dans son collège... Oh! tu as beau hausser les épaules... au collège Marmontel, où tu resteras jusqu'à ta majorité.

ALICE et BERTHE.

A notre collège.

FINETTE.

Oh! ça m'est bien égal!

MADAME BICHU.

Eh bien! c'est ce que nous verrons! Je t'engage à réfléchir et je compte sur vous, Berthe et Alice, sur votre bonne influence, pour la ramener à la raison !

ALICE et BERTHE.

Oui, madame.

MADAME BICHU.

Saboulot ou le collège...

Elle regagne le salon.

SCÈNE IV

LES MÊMES, moins MADAME BICHU.

ALICE, allant vivement, ainsi que Berthe, à Finette sitôt le départ de madame Bichu.

Dis donc, j'espère bien que tu ne vas pas faiblir.

BERTHE.

Si tu cèdes, tu es perdue.

FINETTE.

Merci, mes amies, de me soutenir... Ah ! non, je ne faiblirai pas... Epouser Saboulot... Ah bien, j'aimerais mieux prendre le voile toute ma vie, prendre le voile au collège... D'ailleurs, je me charge bien d'en sortir du collège... En attendant, mon mariage ne se fera pas.

BERTHE et ALICE.

Non !

FINETTE.

D'abord, je n'en ai pas le droit... mon cœur est pris, j'aime. (Prononcer j'eîme.)

BERTHE et ALICE.

Toi ?

FINETTE, avec admiration.

Oui, un homme superbe ! C'est pas un homme de science, lui... c'est un homme de couleurs.

ALICE.

Un nègre?

FINETTE.

Non, un peintre, un artiste... Il s'appelle Apollon Bouvard... Je l'ai connu à la pension.

BERTHE.

Vous aviez des garçons à votre pension?

FINETTE.

Par exception. C'est lui qui peignait les fresques de la
chapelle. Ah! si vous aviez vu ça!

RONDEAU.

Je le voyais à la chapelle,
En l'air, étendu sur le dos,
Et badigeonnant avec zèle
La voûte à grands coups de pinceaux.
Il était bien haut, mais qu'importe!
Tout mon cœur monta jusqu'à lui...
Et crac! je m'épris de la sorte
De ce bel homme en raccourci.
Les yeux en l'air, avec extase,
Je semblais implorer les cieux:
« Non, c'est lui qu'il faut que j'embrase. »
Et je l'hypnotise des yeux!
Qu'un regard peut être loquace.
Rien qu'un coup d'œil, on s'est compris.
Pan, dans l'orbite, de ma place,
Et ça suffit, le voilà pris.
Depuis ce moment, chaque messe
Pour nous devient un rendez-vous;
Je l'aperçois même à confesse...
Combien se confesser est doux!
Et dès lors, le roman commence,
Lui de là-haut, et moi d'en bas.
Que nous importe la distance!
En amour ça n'existe pas!

A Alice.

Ah! tiens, tâte mon cœur, ma chère,
Sens-tu comme il bat du tambour.
Y'a pas! va te faire lan laire,
   C'est l'amour ! (*bis*)

ALICE.

Il n'y a pas à dire, c'est l'amour... Mais alors vous n'avez jamais pu vous parler...

FINETTE.

Pourquoi ça?

BERTHE.

Dam! à la chapelle, à dix mètres de distance.

FINETTE.

Oh! nous avions trouvé un moyen : nous causions par signes. Il connaissait l'alphabet muet des pensionnats.

ALICE.

C'est exquis!... l'amour télégraphique!

BERTHE.

Nous aussi, nous avons un amour.

FINETTE.

Ah!

ALICE.

Oui, nous avons le même. Notre pion au collège... Le vicomte Arthur du Tréteau, un jeune homme d'une élégance...

BERTHE.

Et qui danse lo Boston.

FINETTE.

Vraiment ! Et comment est-il pion ? Un revers de fortune...

BERTHE.

Non du tout... Il est très riche...

ALICE.

Mais comme il est aussi bachelier, il s'est fait nommer, maître d'étude au lycée Marmontel par son oncle qui est ministre. Au moins, s'il trouve un beau parti, il aura le temps de l'étudier.

BERTHE et ALICE.

Ah! le bel homme!

FINETTE.

Comme Apollon.

ENSEMBLE.

BERTHE et ALICE.	FINETTE.
Ah ! Arthur !	Ah ! Apollon !

SCÈNE V

LES MÊMES, SABOULOT.

SABOULOT, arrivant du salon.

Eh ! bien, belle Vénus ?

FINETTE.

Quoi, Vulcain ?

SABOULOT.

Oh ! le vilain petit caractère ! (A part.) En voilà une que je mettrai au pli. (Haut.) C'est comme ça que vous nous abandonnez... Eh! c'est ici le clan de la jeunesse.

FINETTE, légèrement gouailleuse.

Comme vous voyez, nous laissons les gens d'âge ensemble.

SABOULOT, maugréant.

Les gens d'âge... Les gens d'âge ! Elle a toujours l'air de me jeter mon âge à la figure.

FINETTE, brusquement et d'un air naïf.

N'est-ce pas, monsieur Saboulot, que vous êtes plus jeune que papa ?

SABOULOT, interloqué.

Comment ! mais... oh !

FINETTE, à Alice.

Là, tu vois bien, Alice.

ALICE, stupéfiée.

Hein! oh! mais, qu'est-ce qui a parlé de ça ?... Mais non... mais pourquoi me fais-tu dire ?... Oh !

SABOULOT, à part.

Petites impertinentes ! (Haut.) J'ai quarante-cinq... deux ans... quarante-deux ans' Mais on n'a que l'âge qu'on paraît...

FINETTE, bon enfant.

Cinquante-deux, alors !

Alice et Berthe éclatent de rire.

SABOULOT.

Ce que ces petites m'agacent!... (A Alice et à Berthe.) Je crois qu'on vous cherchait au salon.

ALICE.

Oui... Autrement dit : allez voir là-bas si j'y suis. Allons. viens, Berthe...

Ils sortent.

SABOULOT, à part.

Elles sont agaçantes, mais intelligentes.

SCÈNE VI

SABOULOT, FINETTE.

SABOULOT.

Pourquoi êtes-vous toujours moqueuse?

FINETTE, s'asseyant à gauche.

Il faut bien rire un peu, j'en aurai si peu l'occasion à l'avenir.

SABOULOT, debout derrière la chaise de Finette.

Pourquoi ça? Je vais vous faire une de ces petites existences... Vous serez gâtée.

FINETTE.

Vous êtes un père pour moi.

SABOULOT.

Un père, oui... (A part.) Elle a l'art de vous dire des choses désagréables.

FINETTE, brusquement.

Eh! bien, voyons ! Une fois mariés, qu'est-ce que nous ferons ? Moi, vous savez... j'aime m'amuser, je suis si légère...

SABOULOT.

Ah!

FINETTE, très légèrement, ainsi que toute la suite.

Vous ne devez pas être léger, vous ?

SABOULOT.

Pas positivement.

FINETTE.

D'abord, nous irons souvent au théâtre.

SABOULOT.

Pas trop... C'est d'un mauvais exemple... Quelquefois à l'Odéon... Et puis nous fréquenterons les concerts spirituels.

FINETTE, railleuse.

Oh! vous savez que ça ne se gagne pas.

Elle gagne la droite.

SABOULOT, entre ses dents.

Toujours aimable.

FINETTE.

Nous recevrons beaucoup... des hommes surtout... J'ai toujours adoré la société des jeunes gens.

SABOULOT.

Oh! bien, vous avez bien tort... Dieu! que vous avez tort!...

FINETTE.

Dès la pension déjà... Je me suis fait mettre à la porte parce que j'entretenais une correspondance amoureuse avec un élève de Louis-le-Grand.

SABOULOT, à part.

Ah ! Diable !... mais elle me fait frémir !

FINETTE.

Dansez-vous le Boston ?

SABOULOT.

Le Boston... Je connais bien ça comme ville, mais comme danse...

FINETTE.

Comment, vous vous mariez et vous ne savez pas le Boston... Tenez, essayez ! C'est facile.

SABOULOT.

Mais...

FINETTE, faisant tourner Saboulot de force, tout en chantonnant le motif d'une valse.

Essayons, voyons.

SABOULOT.

Oh! qu'elle est ennuyeuse ! (Il tombe harassé sur la chaise de droite, à côté de la petite table.) Oh ! que ça va être agréable, le ménage dans ces conditions-là.

Il tire une cigarette de son porte-cigarettes et allume une allumette.

FINETTE, lui prenant la cigarette des mains.

Oh! non, pardon ! Je désire que mon mari ne fume pas devant moi !

Saboulot ahuri a conservé son allumette enflammée; Finette tranquillement lui prend la main qui tient l'allumette et allume la cigarette qu'elle vient de retirer à Saboulot.

SABOULOT, ahuri.

Ah ! bien, celle-là, elle est forte.

Il jette l'allumette.

FINETTE, va s'asseoir à gauche, puis les jambes allongées, les bras croisés, elle toise Saboulot de l'air le plus important.

Voyons, nous disons que vous dansez mal, bon ! Savez-vous chanter ?

SABOULOT, se levant.

Moi, mais... (A part.) Ah! ça, ce n'est pas une femme, c'est un juge d'instruction.

FINETTE.

Savez-vous des chansons comiques ?

SABOULOT.

Des chansons comiques...

FINETTE.

Oui, enfin, des chansons rigolottes.

SABOULOT.

Rigo...

FINETTE.

....lottes... J'aime ce qui est gai et je veux voir s'il y a quelque profit à tirer de vous.

SABOULOT.

Mon Dieu, j'en apprendrai... Autrefois, j'en savais une, *Le cannibale et l'horizontale*, mais c'est contraire à mes habitudes.

FINETTE, se levant.

Eh ! bien, nous les changerons vos habitudes... Et le cheval... montez-vous à cheval?

SABOULOT.

A cheval... j'y suis monté une fois... sur un âne. Mais comme ça avait l'air de le contrarier, je n'ai pas insisté...

FINETTE.

Bon, nous monterons tout de même... Je me marie pour faire ce que je veux.

SABOULOT.

Mais sapristi ! On ne se marie pas pour faire de l'équitation.

FINETTE, passant à droite.

Oh ! d'ailleurs, si ça vous ennuie, j'ai quelqu'un qui m'accompagnera.

SABOULOT.

Qui ?

FINETTE.

Oh ! quelqu'un qui m'aime depuis longtemps... Il me plaît beaucoup !

SABOULOT.

C'est trop fort ! Vous venez me dire ça, à moi.

FINETTE.

Vous allez être mon mari ; je ne dois pas avoir de se-
crets pour vous.

SABOULOT.

Elle est paralysante !

FINETTE.

Si vous saviez comme il est tendre... et entreprenant...
oh ! mais, plusieurs fois, j'ai dû le remettre à sa place...

SABOULOT.

A la bonne heure !

FINETTE, bien nette.

Je lui ai dit : « Jamais rien avant mon mariage ! »

SABOULOT.

Hein ! mais c'est effrayant !

FINETTE, elle s'assied à droite.

Heureusement qu'une somnambule... une tireuse de
cartes, m'a prédit que je l'épouserais en secondes noces...
dans deux ans.

SABOULOT.

Comment ! la somnambule... elle a dit...

FINETTE, bien calme.

Oui, j'ai encore deux ans, veuvage compris.

SABOULOT, se montant peu à peu.

C'est trop fort ! Le nom, le nom de ce scélérat !

FINETTE, jouant le drame.

Oh ! je ne peux pas...

Elle se lève.

SABOULOT, même jeu.

Son nom !

FINETTE.

Oh ! c'est affreux, ce que vous me demandez là.

SABOULOT, même jeu.

Son nom !

FINETTE.

Mon Dieu, je ne sais pas... Oh! mais, vous me jurez que lorsque vous le verrez vous ne lui direz rien.

SABOULOT, même jeu.

Oui... bien... c'est entendu... son nom?

A ce moment on aperçoit à travers la glace sans tain Alexandrin qui pérore avec un invité.

FINETTE, apercevant Alexandrin.

Eh! bien, c'est... c'est... c'est Alexandrin.

SABOULOT.

Alexandrin !

FINETTE, à part.

Tant pis! c'est le premier nom qui m'est venu.

SABOULOT.

Alexandrin... ce poëtuscule, ce Victor Hugo de cuisine.

FINETTE.

Ah! non croyez-moi, si j'étais vous, je ne m'épouserais pas... (A part.) Il doit être un peu dégoûté.

SCÈNE VII

Les Mêmes, ALEXANDRIN.

SABOULOT.

Ah! je comprends maintenant pourquoi il buvait à un prochain mariage... Il pensait aux cartes, à la somnambule!

ALEXANDRIN, descendant.

Il y a peut-être des cigares de ce côté.

FINETTE et SABOULOT.

Lui !

ALEXANDRIN.

Ah! vous voilà, mon cher...

SABOULOT, *entre ses dents.*

Mon cher... son cher... il m'appelle son cher... Tartuffe, va!

FINETTE.

Ah! ça va être drôle. Je les laisse!

Elle se sauve.

SABOULOT.

Eh! bien, oui, monsieur, c'est moi, votre cher... c'est du fond du cœur, n'est-ce pas, monsieur, que vous dites ça?

ALEXANDRIN.

Ah! bien sincèrement, ce cher bon! Et, vous savez, je fais des vœux pour que ça dure un bon temps, *heing!*

SABOULOT.

Oui, au moins deux ans... N'est-ce pas? C'est deux ans qu'on a prédit... veuvage compris... Il y a donc des gens qui croient aux somnambules?

ALEXANDRIN, *étonné.*

Oh! mon Dieu! il y en a qui croient, et d'autres qui ne... (A part.) Pourquoi me parle-t-il de somnambules?

SABOULOT.

Et après ça, ils viennent vous tendre la main... Cette main qui devrait rougir de mentir de la sorte... Oh! monsieur!

ALEXANDRIN, *même jeu.*

Certainement, oui... (A part.) Il est évident que je ne suis pas au courant de la conversation .. (Haut.) Vous ne savez pas où sont les cigares?

SABOULOT, *marchant sur lui les yeux dans les yeux.*

Il s'agit bien de cigares... Avez-vous lu Héloïse et Abeilard?

ALEXANDRIN, *comprenant de moins en moins.*

Loïse et Abeilard... Pourquoi me parlez-vous de Loïse et d'Abeilard.

SABOULOT.

Eh! bien, Fulbert moi, monsieur! le chanoine Ful-

bert,... retenez bien cela... je n'en dirai pas davantage,
moi, Fulbert, je lui couperai les oreilles.

ALEXANDRIN.

Euh! Tous mes compliments!... non, mais qu'est-ce
que ça me fait tout ça!

SABOULOT.

Ah! mais, je suis comme ça, moi! Fulbert... vous entendez... les oreilles.

ALEXANDRIN, à part.

Hein! le pauvre, le mariage le détraque!

Ils regagnent le second salon.

SCÈNE VIII

BOUVARD, seul, entrant du fond à droite.

M'y voici! mon cœur bat! Il bat comme un coucou!...
C'est osé, ce que je fais là!... Mais le moment est déci-
sif... et Cupidon me protège. Ah! l'ingrate, elle se marie,
malgré ses promesses, malgré ses serments!... Oh! mais
il faut que je la voie, que je lui parle,... que je lui jette sa
perversité au visage... et alors... et alors oui, on va peut-
être me flanquer à la porte! Car enfin, je ne suis pas
invité, je ne les connais pas, moi, tous ces gens-là...
Heureusement que dans les soirées de contrat, on se
connaît très peu... alors le côté de la mariée me croira
du côté de l'époux. et le côté de l'époux... enfin vice
versà, comme on dit dans le higlife.

SCÈNE IX

BOUVARD, FIRMIN.

BOUVARD.

Ah! un monsieur en habit noir... tournure distinguée,
ce doit être le père... (A Firmin.) Monsieur est sans doute
l'heureux père de la mariée...

FIRMIN, une boîte de cigares à la main.

Hein!... Non, monsieur, non.

BOUVARD.

Le fiancé, peut-être?

FIRMIN.

Non, monsieur.

BOUVARD.

Quelque invité sans importance?

FIRMIN.

Pas davantage!... Je suis le maître d'hôtel.

BOUVARD.

Le maître d'hôtel?... Vous avez un hôtel?

FIRMIN.

Non, maître d'hôtel... Vous n'avez pas l'air de savoir
ce que c'est qu'un maître d'hôtel.

BOUVARD.

Si!... vous êtes larbin, quoi?

FIRMIN, offensé.

Larbin !

BOUVARD, vivement.

Je vous fais mes excuses si je vous ai pris pour vos
maîtres... Je n'ai pas voulu vous blesser.

FIRMIN.

Mais, pardon, si vous ne les connaissez pas, comment
se fait-il que vous soyez ici?

BOUVARD.

Ah! voilà... que vous dirai-je?

Vous voyez une victime
De l'amour et de ses traits !
Sous mes pieds s'ouvre un abîme,
Qui m'engloutit à jamais.
J'aime, j'aime, peine extrême,
Mais vous n'y comprenez rien.
Pauvre ami, l'on souffre bien,
On souffre bien quand on aime.
Ah! ah!

L'amour, mon pauv' garçon, vrai là,
Si vous n'avez pas connu ça,
N'en tâtez, tâtez, tâtez, tâtez pas, oui-dà,
C'est un bon conseil que j'vous donne là.
Oh! là, oh! là,
Oh! la la, que ça fait mal là.

ENSEMBLE.

BOUVARD.	FIRMIN.
'amour, mon pauv' garçon, vrai là,	L'amour, mon bon monsieur, vrai là,
i vous n'avez, n'avez pas connu ça,	J' n'ai jamais, jamais, jamais connu ça,
'en tâtez, tâtez, tâtez pas, oui-dà,	Et je m'en moque, moque, moq' oui-dà,
'est un bon conseil que je vous donne là.	Merci tout de même de c' conseil-là.

BOUVARD.

II

J'étais heureux et tranquille,
Tête libre et cœur content,
Je me croyais,... imbécile!
A l'abri du sentiment.
Ah! ne dis jamais : Fontaine
Je ne boirai de ton eau,

2

C'est aussi bien *yes* que *no*...
La preuve, voyez ma peine,
Ah! ah!

REFRAIN.

L'amour, mon pauv'garçon, oui-dà,
Etc.

FIRMIN.

Oui, mais ce n'est pas ça que je vous demande... (Tout en desservant la table du fond.) Vous dites que vous ne connaissez personne ici... alors vous n'êtes pas invité?

BOUVARD, à part.

Aïe! ça y est! Il va me flanquer honteusement à la porte... (Haut.) Mon Dieu, oui et non, je ne suis pas positivement invité, je le suis sans l'être, par dessus le marché, quoi,... je suis en extra.

FIRMIN, dressant la tête.

En extra!... Comment! c'est vous, c'est l'extra... Ah! bien, mon ami, je ne comptais plus sur vous... Je vous avais commandé pour six heures...

BOUVARD, ahuri.

Vous m'attendiez?

FIRMIN.

Dam!

BOUVARD.

Eh! bien, je ne l'aurais jamais cru.

FIRMIN.

Ça m'a l'air d'un flâneur... Vous savez, je dirai à la maison Bidoche à quelle heure vous êtes arrivé.

BOUVARD.

Ah? (Au public.) Eh bien! c'est ça qui va l'intéresser, la maison Bidoche.

FIRMIN, allant à lui et tirant son porte-monnaie.

Et vous ne mériteriez pas que je vous donne dix francs, mais comme je vous en ai compté quinze sur mon livre,...

Il lui donne l'argent.

BOUVARD.

Comment... on est même payé ..

FIRMIN, il remonte à la table.

Tenez, vous allez me donner un coup de main tout de suite... Comment vous appelez-vous?

BOUVARD.

Bouvard... Apollon Bouvard.

FIRMIN.

Apollon... Ce n'est pas un nom... je ne peux pas vous appeler comme ça.

BOUVARD, naïvement.

Appelez-moi Phœbus, c'est la même chose.

FIRMIN.

Non, vous vous appellerez Auguste... c'est plus courant.

BOUVARD.

Auguste ?... Pourquoi Auguste ?... Après ça, si ça peut vous être agréable... (Naïvement fat.) On peut ne pas m'appeler Apollon, ça se voit tout de même...

FIRMIN, lui tendant la boîte de cigares ouverte.

Tenez. (Bouvard croit que Firmin lui offre un cigare, plonge la main dans la boîte.) Non ! vous passerez les cigares.

BOUVARD, ahuri.

Ah !.. Moi, il faut que...

FIRMIN.

Eh ! bien oui ! quoi?

BOUVARD.

Ah ? bien... bien bien bien bien ! c'est une drôle d'idée !.. Dites-moi... vous connaissez bien M. Bichu?

FIRMIN.

Parbleu ! puisque c'est mon patron... Et je peux dire que c'est un ami pour moi. Attendez !

Il prend dans la boîte cinq ou six cigares qu'il met dans sa poche.

BOUVARD.

Qu'est-ce que vous faites ?

FIRMIN, bon enfant.

J'attache le grelot, sans ça, on n'ose pas entamer.

BOUVARD.

C'est égal, vous qui vous dites l'ami du patron, lui chiper comme ça ses cigares !...

FIRMIN, piqué.

Pardon, comme domestique, je suis dans mon rôle, comme ami, je suis dans mon droit... (Remontant à la table dont il saisit l'extrémité de droite.) Aidez-moi donc à porter cette table dans la pièce voisine.

BOUVARD.

Encore! Ah! il m'embête.

FIRMIN.

Vous dites.

BOUVARD.

Rien voilà! (A part.) A quoi en suis-je réduit, mon Dieu! (Il pose sa boîte à cigares sur la table recouverte du tapis vert, et va ensuite aider Firmin à transporter la table dans la pièce voisine.) Diable, c'est lourd!

FIRMIN, tout en transportant la table.

Allons donc! un gaillard comme vous!... Là... de cette façon nous pourrons placer la table verte pour la lecture du contrat.

BOUVARD, laissant tomber lourdement la table et gagnant le milieu de la scène.

La lecture du contrat!... Il me retourne le poignard dans la plaie!...

FIRMIN, de la coulisse, à Bouvard qu'on n'a pas cessé d'apercevoir.

Eh bien! qu'est-ce qui vous prend? Venez donc m'aider.

BOUVARD.

Voilà, voilà!

Il achève de transporter la table.

FIRMIN.

Là! Et maintenant, portez la petite table au milieu, et passez les cigares.

BOUVARD.

Oui! Bon! (A part.) Quelle scie!

Il va chercher la table, et la porte au milieu de la scène. Le jeu de scène doit être fait de façon à ne pas voir Finette qui entre, et à ne pas en être vu.

SCÈNE X

FINETTE, BOUVARD.

FINETTE, arrivant du côté gauche.

Saboulot est furieux, mais il ne renonce pas.

BOUVARD.

Là, la table est placée.

FINETTE.

Lui !

BOUVARD.

Vous ! Elle !

FINETTE.

Ah !

Elle s'évanouit dans ses bras.

BOUVARD.

Ah ! mon Dieu ! je vais appeler.

FINETTE, se remettant.

Non, n'appelez pas.

BOUVARD.

Finette !

FINETTE.

Apollon !

DUO.

FINETTE.

Quel bonheur !

BOUVARD.

Quelle joie !

FINETTE.

C'est le ciel qui l'envoie.

BOUVARD.

Te sentir près de moi !

FINETTE.

Me sentir près de toi !

BOUVARD.

Est-ce un rêve ?

2.

FINETTE.

Est-ce un songe ?

BOUVARD.

Alors qu'il se prolonge.

FINETTE.

Est-ce lui ?

BOUVARD.

Est-ce toi ?

FINETTE.

Est-ce lui que je voi !

BOUVARD.

Pinçons-nous.

FINETEE.

Pince-moi.

BOUVARD.

Ah ! point de sortilège !

FINETTE.

Que Dieu qui nous protège
Fasse que ce soit lui !

BOUVARD.

Commençons !

FINETTE.

Allons-y !

Ils se pincent.

ENSEMBLE.

Heing !... aïe !

BOUVARD, se frottant le bras.

As-tu senti ?

FINETTE, se frottant le bras.

Oh ! la la ! oui !

BOUVARD.

Certes oui. C'est bien toi.

FINETTE.

C'est bien lui.

ENSEMBLE.

Mon Dieu, merci !
Quel bonheur !

Quelle joie !
C'est le ciel qui t'envoie.
Te sentir près de moi !
Me sentir près de toi !

BOUVARD.

Certes, oui.

FINETTE.

Certes, oui.

BOUVARD.

C'est bien toi !

FINETTE.

C'est bien lui !

ENSEMBLE.

Mon Dieu, merci !
C'est bien toi,
Certes oui !
C'est bien toi ?
Oui, merci !
Mon Dieu ! merci !

BOUVARD.

Elle ! c'est elle ! Vous ! c'est vous ! toi ! c'est toi ! je ne sais plus si nous nous tutoyons, ou si nous nous vouvoyons !

FINETTE.

Je ne sais pas. Nous n'avons jamais causé que par signes...

BOUVARD.

Ah ! malheureuse ! c'est donc vrai que tu te maries ! Et qu'est-ce que tu épouses ? Quelle est la chose; quel est l'objet que tu épouses ? Un homme, bien sûr, un vulgaire homme !...

FINETTE.

Ah ! ne m'en parlez pas !

BOUVARD.

Et voilà un être que j'ai aimé !... un être pour qui j'aurais donné ma vie !... Si elle m'appartenait !... Mais ma vie est à Dieu !... et je n'ai pas l'habitude de disposer des choses qui ne m'appartiennent pas.

FINETTE.

Ah ! je souffr eautant que vous, et j'ai plus besoin d'appui que de reproches... Ah ! si seulement vous aviez un peu de fortune !

BOUVARD, la repoussant.

C'est vous qui me parlez ainsi !... C'est vous qui êtes capable de pareils calculs !... Mais est-ce que j'y regarde, moi, à la fortune ?... Je n'en ai pas, moi ... mais du moment qu'il y en a un des deux qui en a, c'est tout ce qu'il me faut.

FINETTE.

Mais ce n'est pas pour moi que je vous demande ça, c'est pour papa.

BOUVARD.

Ah ! papa !... Voilà le grand mot, papa !

FINETTE.

Il ne me donnera jamais à un peintre sans clientèle.

BOUVARD.

Eh ! bien, je lui vendrai mes tableaux, à papa... Si vous saviez comme c'est pénible aujourd'hui .. Dire que j'en suis réduit à faire des silhouettes pour cent sous au jardin de Paris. Le monde est si peu artiste !... Un tableau magnifique, verni, encadré, ignifugé... on m'en a refusé deux cents francs... et encore on m'a demandé de le signer Trouillebert...

FINETTE.

Ah ! travaillez, monsieur Bouvard ! Si vous pouviez seulement n'obtenir que la première médaille au salon, ce serait une promesse pour l'avenir.

BOUVARD.

Mais, sacristi, l'argent ne fait pas tout... et votre père est bien assez riche... Après tout, quelle est donc la fortune de votre prétendu...

FINETTE.

M. Saboulot ! oh ! lui, c'est autre chose. D'abord il a une tante qui est très riche... Et puis, surtout, c'est un savant, un professeur de physique... et comme papa n'a jamais pu avoir son brevet de grammaire, il croit que ce mariage le posera.

BOUVARD.

Et c'est vous qu'il sacrifie !... Encore une victime de la science !

FINETTE, railleuse.

Oh !... ne dites pas de mal de Saboulot... il a des qualités. Il paraît qu'il chante « *Le cannibale et l'horizontale* »...!

BOUVARD.

Eh bien, voilà un plaisir qu'il faudra que je me paie.

FINETTE. *

Chut ! papa !

Bouvard, pour se donner une contenance, prend la boîte à cigares.

SCÈNE XI

LES MÊMES, BICHU.

BICHU

Eh bien, qu'est-ce que tu fais là ? Tout le monde te réclame au salon. Est-ce que c'est ta place, ici, avec les domestiques ?

BOUVARD, embarrassé.

J'étais en train d'offrir à Mademoiselle...

BICHU, haussant les épaules.

Des cigares !... Non, ma fille ne fume pas. (Passant entre Bouvard et Finette.) Tenez, donnez-m'en un. (Bouvard approche la boîte, Bichu choisit un cigare.) Du feu !

FINETTE, à part.

Il le prend pour un domestique ! pauvre Apollon !

Bouvard va poser la boîte dans laquelle il prend également un cigare, puis allume une allumette qu'il présente à Bichu, après quoi il s'allume lui-même.

BICHU.

Eh ! bien, qu'est-ce que vous faites ?

BOUVARD, s'allumant.

Il paraît que ça s'appelle attacher le grelot.

* Finette, Bouvard, Bichu.

BICHU, ahuri.

Vous fumez le cigare ?

BOUVARD.

Je vais vous dire... ça dépend... jamais chez moi.

BICHU.

Ah !

BOUVARD.

Non, ça laisse une odeur infecte... et puis, pour vous tenir compagnie...

BICHU.

Eh bien, dites donc, ne vous gênez pas... Voulez-vous jeter ça !

BOUVARD, jetant son cigare.

De grand cœur... C'est un infectados, un deux soutados... ça ne vaut rien !

BICHU.

Occupez-vous donc de votre service... ou j'irai me plaindre à la maison Bidoche.

BOUVARD.

Encore ! Ils ont donc tous la manie de raconter leurs histoires à la maison Bidoche.

BICHU.

Allons, viens, Finette.

FINETTE.

Oui, papa,

Avant de partir, elle envoie un baiser à Bouvard. — Bouvard le lui rend.

BICHU, qui s'est retourné pour voir le baiser de Bouvard.

Et je vous prie de ne pas me faire de singeries dans le dos... Joli, le personnel de la maison Bidoche !

SCÈNE XII

BOUVARD, puis FIRMIN et CARLIN.

BOUVARD.

Est-il ours, le papa Bichu... mon futur beau-père.

FIRMIN, portant un plateau de rafraîchissements.

Tenez, par ici, Monsieur.

CARLIN, une serviette sous le bras.

Voulez-vous dire que Maître Carlin le notaire, est à la disposition de ces Messieurs?

FIRMIN.

Parfaitement, Monsieur... (A Bouvard.) Tenez, vous, vous allez passer les rafraîchissements.

BOUVARD.

Oui, c'est bon, posez-les là !... (Firmin sort.) Il m'ennuie, avec sa manie de me faire faire le ménage.

CARLIN, saluant Bouvard.

Monsieur...

BOUVARD, saluant.

Monsieur !... hum ! hum ! Monsieur fait partie de la noce?

CARLIN.

Mon Dieu, monsieur, oui et non... J'en suis comme je suis, de tant d'autres... par profession.

BOUVARD.

Je vois ce que c'est, vous êtes comme moi ! vous êtes en extra.

CARLIN, souriant complaisamment.

Voilà, comme vous dites, Monsieur.... Nouvellement établi à Paris où mon père m'a acheté une charge. J'ai choisi cet état parce qu'il est essentiellement tranquille, et étant timide de ma nature...

BOUVARD, brusque.

Oui, c'est bon... comment vous appelez-vous ?

CARLIN, timidement.

Céleste Carlin.

BOUVARD, même jeu.

Bon. Eh bien ! vous vous appellerez Antoine.

CARLIN, interloqué.

Comment ! mais, pardon...

BOUVARD, très net.

Vous vous appellerez Antoine !... je m'appelle bien Auguste.

CARLIN, timide.

Ah !... Oui, monsieur...

BOUVARD.

Ici, c'est l'usage, quand on est en extra.

CARLIN.

C'est spécial à Paris, sans doute, parce qu'en province, où j'étais...

BOUVARD, brusque.

C'est l'usage...

CARLIN, timide.

Oui, Monsieur.

BOUVARD, lui indiquant la table.

Tenez, déposez votre serviette là... (Lui mettant le plateau dans les mains.) Et maintenant vous allez passer les rafraîchissements. C'est bien votre tour.

CARLIN.

Mais, Monsieur, comme notaire....

BOUVARD.

On vous donnera dix francs, allez...

Il boit une des consommations.

CARLIN.

Mais qu'est-ce que vous faites ?

BOUVARD.

J'attache le grelot ! allez !

CARLIN, timide.

Oui, monsieur. (Il emporte le plateau.) Oh ! J'aime mieux le notariat en province.

Il sort par le fond à droite.

SCÈNE XIII

BOUVARD puis BICHU, MADAME BICHU, SABOULOT, FINETTE, ALEXANDRIN.
ALICE, BERTHE, Les Invités, puis CARLIN.

SABOULOT, arrivant de gauche.

Messieurs, mesdames, si vous voulez venir par ici, pour la lecture du contrat...

BICHU.

Où est-il le notaire ? (Apercevant Bouvard qui est debout devant la petite table.) On m'a dit qu'il était ici... (Haut, allant à Bouvard.) Eh ! quoi, est-ce que ce serait vous ?

BOUVARD, qui ne comprend pas.

Est-ce que ce serait moi ? Evidemment, c'est moi. (A part.) Qu'est-ce qu'il a ?

BICHU.

Oh ! Monsieur, que d'excuses... pour ma méprise de tout à l'heure.

BOUVARD, très aimable.

Oh ! monsieur, les méprises, ça arrive même aux gens intelligents.

BICHU.

Vous allez nous lire le contrat, hein ?

BOUVARD, ahuri.

Moi ? (Apercevant Finette qui lui fait signe que oui.) Ah ! si vous voulez... Après tout, si ça peut leur être agréable...

Tout le monde se place. Bouvard est assis devant la table, face au public. Bichu à sa gauche, Saboulot à sa droite. A la gauche de Bichu, par ordre, madame Bichu et Finette tout à fait au premier plan ; debout derrière Finette, Alexandrin, à la droite de Saboulot, Berthe et Alice, les autres invités sont groupés dans cet ensemble.

3

BICHU.

Messieurs, mesdames, veuillez vous asseoir. (A Bouvard.)
D'abord, je vous présente ma fille, la future...

Finette salue.

BOUVARD, saluant.

La victime...

BICHU.

Comment !...

BOUVARD, se reprenant.

Non ! C'est un terme de métier...

BICHU, présentant Saboulot.

M. Saboulot, le fiancé.

BOUVARD.

Ah ! parfaitement !... (Sérieusement gouailleur.) Je croyais
que c'était monsieur son père.

SABOULOT.

Hein !

BOUVARD, à peine.

Le voilà donc, l'objet... le grotesque... qui chante « *Le
cannibale et l'horizontale.* »

CARLIN, arrivant du fond.

J'en ai assez de passer les rafraîchissements. Il n'y a
personne par là... (Voyant Bouvard à sa place, le contrat en
main.) Eh bien, qu'est-ce qu'il fait donc à ma place. (A
Bouvard, surgissant à sa gauche.) Pardon, monsieur !

BICHU, brusquement.

Taisez-vous donc !

CARLIN, ahuri.

Ah !... oui, monsieur.

Il va s'asseoir dans le fond.

BICHU.

Et tâchez donc de rester debout !

CARLIN, même jeu.

Ah ! oui, monsieur.

BICHU.

En voilà des manières ! (A Bouvard.) Monsieur, quand
vous voudrez.

BOUVARD.

Voilà ! (Il ouvre le contrat.) Voyons, qu'est-ce qu'il raconte, ce machin-là ?... (Subitement.) Ah ! pardon !...

Il se lève et fait à Finette une série de signes muets avec les mains.

FINETTE, en réponse aux signes de Bouvard.

Oui !

Étonnement général.

MADAME BICHU.

Quoi, oui ? Pourquoi dis-tu oui ?

SABOULOT.

Et pourquoi lui faites-vous des signes ?

BOUVARD.

Ce sont des signes cabalistiques... ça se fait toujours aux contrats... et on doit répondre : Oui.

MADAME BICHU, à Bichu.

Tiens, il me semble que ça ne se faisait pas de notre temps, dis, Dulcissime?

BICHU.

Non, Galathée.

SABOULOT.

Oh ! alors, c'est mon tour, vous allez m'en faire aussi !

BOUVARD.

Comment donc !...

Tous deux se lèvent et Bouvard fait des signes à Saboulot.

FINETTE, après avoir suivi les signes.

Crétin !

Elle rit sous cape.

SABOULOT, avec conviction.

Oui !

BOUVARD.

- C'est très bien.

Ils se rasseyent.

CARLIN, arrivant à la droite de Bouvard.

C'est égal,... c'est extraordinaire... Je vous ferai remarquer, monsieur...

SABOULOT, brusquement.

Oh ! mais il est embêtant, cet animal-là ! Vous n'allez pas vous taire.

Rumeurs parmi les invités.

CARLIN, très intimidé.

Ah ! oui, monsieur.

ALEXANDRIN, à demi-voix à Finette.

Eh bien, êtes-vous un peu émue, mademoiselle ? Hein!

SABOULOT, ayant vu le jeu d'Alexandrin.

Il lui a parlé bas, il a du toupet. (Il va à Alexandrin, et lui dit à mi-voix.) Vous ! quand vous serez l'amant de ma femme, je vous tuerai !

ALEXANDRIN, ahuri.

Hein ! il déménage.

SABOULOT, regagne sa place, à Bouvard.

Allez, maître...

CARLIN.

Mais alors, qu'est-ce que je viens faire ici ?

Un petit temps.

BOUVARD, sentencieux à Saboulot.

Accusé, levez-vous !

TOUS.

Hein ?

SABOULOT, se levant.

Moi... accusé, comment ?

BOUVARD, même jeu.

Vous jurez de dire la vérité, toute la vérité, rien que la vérité...

CARLIN, timidement.

Mais, pardon, mon cher ami... vous vous trompez... Nous ne sommes pas ici...

BICHU, brusquement, se levant.

Ah ! mais dites donc, en voilà assez... Vous n'allez pas lui apprendre...

Tout le monde s'est levé contre Carlin.

CARLIN, de plus en plus ahuri.

Ah ! oui, monsieur.

Il lève au ciel des yeux désespérés, on se rassied.

BOUVARD.

Comment vous appelez-vous ?

SABOULOT, debout.

Saboulot, Joseph !

BOUVARD.

Joseph, ça ne m'étonne pas.

SABOULOT.

Joseph, Alphonse !

BOUVARD.

Joseph, Alphonse ! Faudrait s'entendre, cependant !
Joseph et Alphonse, c'est contradictoire ; on est Joseph
ou Alphonse !

SABOULOT.

Cependant !...

BOUVARD.

Eh bien, faisons une moyenne, mettons Eugène... Eh
bien ! Saboulot Joseph, plus Alphonse, égal Eugène...
Mettez-vous là, au milieu... (Saboulot très ahuri gagne le milieu de la scène.) Et maintenant, chantez-nous « *Le cannibale
et l'horizontale.* »

TOUS.

Hein !

BOUVARD.

C'est un usage, maintenant... A la signature du contrat, le mari doit chanter : « *Le cannibale et l'horizontale.* »

SABOULOT.

Elle est raide, celle-là !

BICHU.

Mais, je n'ai jamais vu ça.

BOUVARD.

Vous, parbleu ! il y a vingt ans que vous êtes marié,
vous êtes en arrière... (A Saboulot.) Allons, voyons...

SABOULOT.

Mais, jamais de la vie.

BOUVARD.

Soit! alors, le mariage est nul...

Il fait mine de replier ses papiers.

TOUS.

Ah!...

SABOULOT, vivement.

Hein ! non ! Eh là ! attendez... Comment, alors, sérieusement ?

BOUVARD, très sérieux.

Est-ce que j'ai l'air d'un monsieur qui plaisante ?

SABOULOT.

Non ! c'est curieux ! Eh bien ! je n'aurais jamais cru... enfin, puisqu'il le faut !... Mais, dites donc, c'est encore de la chance que je l'ai appris... hein ! c'est ça qui est un pressentiment... Voyez-vous ! sans ça, on aurait dû reculer le mariage... Eh bien, soit !

Saboulot chante.

Le Cannibale et l'horizontale.

Un cannibal'dans la Cannibalie...
Dans la Cannibalie, un cannibal'!
Se dit un jour, avant d'quitter la vie,
Je veux croquer un'belle horizontal'!
  C'est l'cani, cana,
  C'est l'cani, cana.
C'est le can', le cannibale,
Qui croqu'ra l'hori, qui croqu'ra l'hora,
Qui croqu'ra l'horizontale.
Mmiam ! mmiam ! mmiam ! mmiam ! mmiam !

Parlé avec un soupir.

Triste !

II

On fit venir l'horizontal'de France,
De France, on fit venir l'horizontal'
Le cannibal'se dit : quelle bombance,
J' vais la gober, se dit le cannibal'
  C'est l'cani, cana, (*bis*)
C'est le can', le cannibale,
Qui goba l'hori, qui goba l'hora,
Qui goba l'horizontale.
Mmiam ! mmiam ! mmiam ! mmiam ! mmiam !

Parlé.

Triste !

III

Il la goba tell'ment le cannibale,
Le cannibal', tell'ment il la goba,
Qu'quand il voulut manger l'horizontale,
Le cannibal'n'avait plus d'estomac...
        C'est l'hori, l'hora, (*bis*)
C'est l'hori, l'horizontale,
Qui claqua l'cani, qui claqua l'cana
Qui claqua le cannibale.
Mmiam! mmiam! mmiam! mmiam! mmiam!
Parlé.

Gai!

TOUS, riant.

Bravo! bravo!

BOUVARD, après la chanson.

Eh bien! voilà!... Qu'est-ce que vous voulez? C'est un
usage!... c'est un usage... pour montrer à la femme jusqu'à quel point son mari peut se rendre ridicule.

SABOULOT.

Hein !

BOUVARD, parcourant le contrat.

Voyons un peu... Devant nous, maître Carlin, notaire.

CARLIN.

Présent !

BICHU, à Carlin.

Qu'est-ce que c'est que cette plaisanterie-là? Voulez-
vous vous taire !

CARLIN.

Ah! Oui, monsieur. (A part, avalant une des consommations.)
Ma foi je vais attacher le grelot, moi aussi !

BOUVARD, lisant.

Ont comparu : d'une part, le sieur Saboulot, Joseph,
Alphonse, âgé de cent quarante-sept ans.

SABOULOT, vivement.

Comment! cent quarante-sept ans.

BOUVARD.

Non, pardon... c'est une barre que j'ai prise pour un

un... Non, 47 ans... Comment, vous n'avez que 47 ans?...
Oh! comme vous êtes abîmé pour votre âge...

SABOULOT, vexé.

Eh bien! dites donc, est-ce que ça vous regarde?

BOUVARD, continuant la lecture.

Et la demoiselle Finette Bichu, âgée de 17 ans... 17
ans! (A Saboulot.) Vous n'avez pas de honte... une enfant...
une enfant à peine nubile...

SABOULOT.

Ah! mais, il m'ennuie!

FINETTE, futée.

Qu'est-ce que c'est que ça, nubile?

MADAME BICHU.

Rien, c'est du latin.

BOUVARD.

C'est comme qui dirait l'âge de raison ; l'âge de raison,
où l'on commence à faire des bêtises.

BICHU.

Quel drôle de notaire!

BOUVARD, à Saboulot.

Vieillard libidinieux!

[SABOULOT, impatienté.

Ah! mais! Vous savez!

BOUVARD.

Passons aux apports. Voyons un peu ce que vous ap-
portez en dot. (Lisant.) Le futur apporte à la communauté
son traitement de professeur. (Parlé.) C'est pas lourd, ça...
(Lisant.) Il apporte en outre une tante très riche et très
âgée! (A Saboulot.) Ah! ah! vous jouez du cadavre, vous.

SABOULOT, se montant.

Ah! ça dites donc, est-ce que cela vous regarde!

BOUVARD.

Silence! on n'interrompt pas la loi. Au tour de la fiancée, maintenant. (Lisant.) La future épouse apporte en dot
quatre cent mille francs... (A Saboulot.) Mazette, vous faites
une affaire, vous! (A Finette.) Vous savez, mademoiselle,
il fait une affaire... C'est dégoûtant!

SABOULOT, éclatant.

Ah ! mais j'en ai assez, et ça va finir...

BOUVARD.

Vous dites...

Tout le monde s'est levé.

SABOULOT.

Ah ! c'est que la moutarde me monte au nez... Je lui casserai la figure à maître Carlin...

CARLIN, qui a gagné le devant de la scène, son plateau toujours à la main et qui se trouve à la hauteur de Saboulot.

A moi ! Oh ! mon Dieu pourquoi ? Oh ! ne faites pas ça !

SABOULOT, furieux.

Qu'est-ce que vous voulez, vous ? Qui est-ce qui vous parle ?... Est-ce vous, qui vous appelez maître Carlin...

CARLIN.

Mais oui !

TOUS.

Hein !

CARLIN.

Maître Carlin, notaire, pour lire le contrat quand vous serez disposé.

TOUS.

Le notaire !

SABOULOT.

Mais, alors, lui... Qui est-il ?

BOUVARD.

Pincé !

FINETTE.

Ah ! mon Dieu !

BOUVARD, embarrassé.

Je vais vous dire... Je suis ce qu'on appelle un en-tout-cas. N'est-ce pas, on a des ombrelles quand il fait beau et des parapluies pour quand il pleut... et puis, il y a les en-tout-cas, qui servent à tout... Eh bien, je suis un en-tout-cas.

BICHU.

Ah ! mon Dieu ! c'est peut-être un filou !...

Grand mouvement parmi les invités.

SABOULOT.

Il faut le chasser... Sortez !...

3.

BOUVARD.

Ne me touchez pas!...

SABOULOT, à Carlin.

Monsieur le notaire, vous êtes officier ministériel... Arrêtez-le...

CARLIN.

Pardon, je ne suis pas commissaire.

TOUS.

A la porte! A la porte!

FINETTE, s'interposant.

Qu'on le touche donc!

TOUS.

Quoi!

FINETTE.

Monsieur, est M. Apollon Bouvard! C'est lui que j'aime! (Elle prend le contrat et le déchire.) et je serai sa femme, ou à personne.

TOUS.

Ah!

BICHU.

Quel scandale!

MADAME BICHU.

Dès demain, tu entres au Lycée.

FINETTE.

Que m'importe! Apollon je t'aime !

BOUVARD.

Oh! ma Finette, je t'adore!

ENSEMBLE.

FINETTE.	BOUVARD.	BERTHE et ALICE.	TOUS LES AUTRES.
Oui, c'est toi, je t'aime,	Oui, c'est moi, je t'aime.	Quelle audace extrême.	Quelle audace extrême
Oui, c'est toi, je t'aime,	Oui, c'est moi, je t'aime.	Quelle audace extrême.	Quelle audace extrême!
Les fers, la mort même	Malgré l'effort même	J'en ris en moi-même.	Sors à l'instant même!
Ne me font plus peur.	D'un démon moqueur,	Je ris de bon cœur,	Affreux ravisseur
Tu m'as retrouvée,	Je t'ai retrouvée (bis)	. . . .	
Me voilà sauvée.	Te voilà sauvée (bis)	. . . .	
C'est toi, viens sur mon cœur!	C'est moi, viens sur mon cœur.	C'est un vrai bonheur.	Ah! c'est une horreur!

On les sépare.

BICHU.

Arrêtez-le!

SABOULOT.

Qu'on le fusille.

TOUS.

Quelle aventure!

MADAME BICHU.

Oh! Dieu! ma fille!

TOUS.

Partez, partez!
Sortez, sortez!
Ah! quelle audace!
Houst! qu'on le chasse
Partez,
Sortez!
Oui, qu'on le fiche, fiche, fiche,
Fiche, fiche, fiche, fiche,
Eh! oui, qu'on le fiche à la porte

BOUVARD.

Et je m'en fiche, fiche, fiche,
Fiche, fiche, fiche, fiche,
J'ai son amour et je l'emporte.

ENSEMBLE.

<table>
<tr><td>TOUS.</td><td>BOUVARD.</td></tr>
<tr><td>Oui, qu'on le fiche, fiche, fiche.</td><td>Et je m'en fiche, fiche, fiche.</td></tr>
</table>

BOUVARD.

Point d'obstacles à nos amours (Bis.)

FINETTE, montrant Saboulot.

A lui, jamais!

BOUVARD.

A toi, toujours!

REPRISE DU CHŒUR.

Rideau.

ACTE DEUXIÈME

Une salle d'études du collège Marmontel. Le fond vitré donne sur la cour de récréations. Dans le fond à droite, entrée donnant sur la cour. A gauche de la porte, un rang de pupitres pour les élèves. Ces pupitres sont praticables et adhèrent les uns aux autres. A droite, premier plan, la chaire du maître d'études. A gauche, second plan, porte donnant sur les « Arrêts. » A gauche, premier plan, trois rangs de pupitres.

SCÈNE PREMIÈRE

DU TRÉTEAU, ALICE, BERTHE, AGATHE GABRIELLE, CLARISSE, EMILIE SOPHIE, ROSE.

Au lever du rideau, les élèves sont à leurs pupitres ; du Tréteau, à sa chaire, somnole.

CHŒUR.

Entendez-vous ce bruit de ron, de ron, de ronflement?
C'est notre pion, sans plus d'histoire, (Bis)
Qui part pour la gloire.
Il est certain qu'en ce moment
Notre pion pionce, pionce, pionce joliment.

Ronflements.

ALICE.

Chut! taisons-nous, faisons silence,
Et respectons sa somnolence
Parlons plus bas, parlons moins fort,
N'éveillons pas le pion qui dort.

* Premier banc (indications prises de l'avant-scène) Alice; Berthe, Sophie, deuxième banc, Clarisse, une élève, Rose, une élève ; troisième banc, Gabrielle, Agathe, deux élèves. Au banc du fond, d'autres élèves.

CHŒUR.

Car on entend un bruit de ron, de ron, de ronflement.
C'est notre pion, sans plus d'histoire (*bis*.)
Qui part pour la gloire.
Oui, c'est certain, pour le moment :
Notre pion pionce, pionce, pionce joliment.

   * GABRIELLE, apprenant sa leçon la tête dans ses mains.

Pluton, troisième fils de Saturne et d'Ops, régnait dans les enfers avec Proserpine.

ALICE, jouant avec Berthe à pair ou impair.

Pair!.

BERTHE.

Cinq billes tu as perdu.

ALICE.

Toujours, j'ai la guigne! Ah! si je n'ai pas de veine en amour!

GABRIELLE.

Pluton, troisième fils de Saturne et d'Ops, régnait dans les enfers avec Proserpine.

Clarisse tourne tranquillement la page du Gil-Blas.

ROSE.

Dis donc, Clarissse, tu me prêteras le journal quand tu auras fini.

SOPHIE, impérieuse.

Non, tu me le donneras à moi.

ROSE.

Mais, je l'ai retenu avant toi.

SOPHIE.

Qu'est-ce que ça me fait à moi?

ROSE.

Enfin, dis Clarisse?

CLARISSE.

Ah! bien, tu sais, si Sophie le demande...

SOPHIE.

Là!

* Toutes les élèves doivent animer le dialogue qui suit par des rires, des interruptions, des gestes, des boulettes lancées, des plaisanteries faites par les unes aux autres, etc.

ROSE, vexée.

Naturellement, c'est Sophie l'*intombable*, c'est tout dire, tu as peur de recevoir une raclée.

SOPHIE, se retournant brusquement vers Rose.

Ah! et puis, tu sais, si tu n'es pas contente, je suis ton homme.

ROSE, maugréant.

Oui, c'est bon, c'est bon.

ALICE, jouant.

Impair!

BERTHE.

Trois, tu as perdu.

ALICE.

Mais non, voyons « trois, » j'ai dit impair.

BERTHE.

Oui, mais il y en a une qui est en agathe, ça compte pour deux!

ALICE.

Ah! bien, non, par exemple.

BERTHE.

Tiens, tu ne voudrais pas!

GABRIELLE.

Pluton, troisième fils de Saturne et d'Ops...

ALICE, à Gabrielle.

Ah! elle est assommante avec son troisième fils de Saturne! (A Gabrielle.) Ne travaille donc pas comme ça, tu nous déranges.

CLARISSE, lisant le journal.

Oh! dis donc Sophie! tu ne sais pas? Le prince Stephano qui a lâché Émilie Colmar.

SOPHIE.

Oui, allons donc!

CLARISSE.

Il l'a pincée avec le ténor Figeac.

ÉMILIE, sursautant.

Figeac!

SOPHIE.

Ne dis pas ça, tu fais de la peine à Emilie.

ÉMILIE.

Oh! que c'est bête ce que tu dis là! Je lui ai écrit une fois, il ne m'a pas répondu! Ça été fini.

ALICE.

Non, je ne joue plus avec toi, tu triches!

AGATHE, fait claquer ses doigts.

M'sieur! m'sieur!

SOPHIE.

Tais-toi donc, tu vas réveiller le pion!

ROSE.

Le fait est qu'il a l'air vanné, le pion.

SOPHIE, à Alice et Berthe.

Moi, à votre place, je lui demanderais des comptes de sa fatigue.

ALICE.

Est-ce que ça nous regarde?

ROSE.

Oh! avec ça qu'on ne voit pas qu'il n'a d'œil que pour vous... et vous de votre côté...

BERTHE.

Quoi, de votre côté?

SOPHIE.

Ça c'est vrai, par exemple...

DU TRÉTEAU, se réveillant en sursaut.

Baccara! (Toutes les élèves affectent de travailler.) Oh! que je suis bête... je rêvais que j'étais encore au cercle... Est-ce assez stupide... de m'être fait décaver comme ça de vingt-cinq louis... Ah! la dame de pique d'un côté... la dame de cœur de l'autre... je ne tiens plus debout... Eh! bien, voilà, tout cela n'arriverait pas si on avait voulu m'accorder ici la surveillance des dortoirs.

AGATHE, faisant claquer ses doigts.

M'sieur!

DU TRÉTEAU.

Quoi?(Elle fait signe qu'elle veut sortir.) Oui, allez! (Sortie d'Aga-the.) Ah! oui, la dame de cœur... (Descendant de sa chaire.) Celle d'hier, surtout avant le cercle... la petite du jardin de Paris. (Il fait claquer sa langue.) Très *chic*... Elle sera contente des vers que je viens de lui faire...

Si je vous le disais pourtant que je vous aime,
    Qui sait brune aux yeux bleus...

Quand je dis faire... c'est du Musset... J'ai préféré copier... parce que c'est toujours mieux fait... et puis moi, ça m'a toujours réussi de copier... c'est même comme ça que j'ai passé mon baccalauréat. Mademoiselle Sophie, travaillez donc, vous êtes là... la tête en l'air.

SOPHIE, avec élan.

Monsieur, je vous regarde.

DU TRÉTEAU.

Ah! très bien, continuez!... (Remontant à sa chaire.) C'est curieux comme toutes les femmes se laissent prendre aux vers... Au fait, si, en post-scriptum, je lui demandais sa photographie... (Il ouvre la lettre et écrit.) Sois gentille, belle chérie... Envoie-moi ta photographie...Tiens, c'est encore en vers... et ils sont de moi, ceux-là... (Écrivant.) photogra-phie...Comment ça s'écrit photographie, (Répétant syllabe par syllabe.) pho-to-gra-phie! combien d'h. (Haut, d'un air indiffé-rent.) Qui est-ce qui sait comment s'écrit photographie?

ALICE, épelant.

P-h-o-t-h-o.

DU TRÉTEAU.

T-h-o... c'est très bien, je voulais voir si vous le saviez. (Rire des élèves. Il écrit.) Voilà! autant que possible il ne faut pas faire de fautes d'orthographe, quand on écrit aux femmes! elles conservent toutes les lettres... (Descendant de sa chaire.) Ah! nous allons un peu réciter les leçons... mademoiselle Alice! (A part.) Elle est très gentille, la petite Alice!

ALICE, se levant sans quitter sa place.

Monsieur?

DU TRÉTEAU, lui tapotant sur les joues.

Voulez-vous me réciter votre leçon, mon enfant ?

ALICE.

Oui, monsieur.

Elle récite.

Le vieillard et les trois jeunes hommes.
Un octogénaire plantait.
Passe encore de bâtir,
Mais planter à cet âge...

DU TRÉTEAU, l'arrêtant.

C'est très bien! Ça suffit! vous savez! et comme je suis
content de vous, je vais vous embrasser...

Il l'embrasse.

PLUSIEURS ÉLÈVES.

M'sieur! m'sieur! moi je sais aussi... je sais aussi!

DU TRÉTEAU.

Bon! bon! tout à l'heure!... (A Berthe.) mademoiselle
Berthe. (A part.) Elle est très gentille, la petite Berthe.
(Haut.) Votre leçon.

BERTHE.

Je ne la sais pas.

DU TRÉTEAU, sévère.

Vous ne la savez pas! c'est très mal. Et moi qui pour
vous encourager vous avais donné un baiser hier... vous
ne le méritez pas, rendez-le moi tout de suite!

Il tend la joue.

BERTHE.

Voilà, monsieur.

Elle l'embrasse.

DU TRÉTEAU.

C'est très bien. (Au public) Eh! bien, voilà, c'est un sys-
tème à moi, ça! On ne mène pas les jeunes filles comme
les garçons voyez-vous!

I

Je suis le pion des demoiselles,
Je suis galant, ferme à la fois,
Jamais de peines corporelles,
Grâce et douceur, voilà mes lois.
A la fillette que j'embrasse,
Je prouve que je suis content;
Et lorsque l'on tombe en disgrâce,
C'est un baiser que l'on me rend.

Voilà comme on les rend gentilles,
Que c'est charmant! Que c'est donc bon
D'être pion (*bis*)
Dans un Lycé' de jeunes filles.

II

Il faut avant tout être artiste,
Point terre à terre ni bourgeois,
Pour saisir le charme, — il existe! —
De gouverner ces frais minois.
C'est un poste de confiance,
Tentant comme un fruit défendu!
Ne mords point, pas de défaillance
Malheureux, ou tout est perdu!
Tu ne mords pas, mais tu grapilles,
Que c'est charmant! Que c'est donc bon
D'être pion, (*bis*)
Dans un Lycé' de jeunes filles.

ROSE.

Qu'est-ce qu'il a donc le pion, à parler comme ça tout seul?

ÉMILIE.

Il a peut-être des peines de cœur?

DU TRÉTEAU.

Mademoiselle Sophie, qu'est-ce que vous avez donc à plonger dans votre pupitre? (Il va à Sophie.) Montrez un peu la cuisine que vous faites là-dedans.

SOPHIE.

Mais, m'sieur...

DU TRÉTEAU, ouvrant le pupitre et en retirant une petite casserole.

Du chocolat! Vous faites du chocolat! C'est comme ça que vous vous préparez au baccalauréat!... Vous ne rougissez pas de votre gourmandise. (Il le goûte.) Tiens, il est bon, où l'achetez-vous?

SOPHIE.

Je ne l'achète pas, m'sieur, je le chipe à maman.

DU TRÉTEAU.

Bien, ceci dénote une nature économe! C'est égal, je devrais vous punir! Vous êtes gourmande. (Il avale une gorgée.) C'est un défaut, mais votre chocolat est bon, c'est une qualité, et comme les qualités font passer les défauts, je ne vous dirai rien pour cette fois, (Il vide le contenu de la casserole.) mais ne recommencez pas.

SOPHIE, avec dépit.

Naturellement! Jamais vous ne me punissez ni ne me récompensez.

DU TRÉTEAU.

Hein!... oui, c'est vrai!... Ça ne dit ne rien! (On entend la cloche qui sonne, mouvement parmi les élèves.) Mesdemoiselles, c'est l'heure de l'exercice, allez chercher vos fusils en silence !

TOUTES.

Ah !

Les élèves sortent toutes par la porte de droite.

DU TRÉTEAU.

Et moi, je suis libre. (Il tire de sa chaire une cuvette qu'il place sur la chaise qu'il vient de quitter et se lave les mains.) Pendant que le sergent instructeur va les faire trimer, moi je vais pousser jusque chez Fernande, ou Anita ; je ne les trouverai peut-être pas; j'irai chez Émilie; tout ça c'est voisin. Pour mes fredaines, je centralise .. je prends une rue... c'est plus commode... (Aux élèves qui sortent en rang.) A droite, alignement! (Les élèves exécutent les ordres.) Trois, quatre, cinq, sortez, numéro 7 rentrez... oui... vous! vous dépassez l'alignement, faites-moi disparaître tout ce qui dépasse.

SOPHIE.

Tiens, je ne peux pas... C'est pas ma faute.

DU TRÉTEAU.

Allons, ça suffit... vous avez toujours de bonnes excuses à faire valoir.

SOPHIE.

J'aimerais mieux en avoir moins!

DU TRÉTEAU.

Fixe !...

SCÈNE II

Les Mêmes, LEMPLUMÉ, FINETTE

LEMPLUMÉ, entrant.

Venez par ici, mademoiselle.

A la voix de Lemplumé, les deux dernières élèves s'effacent pour le laisser passer, puis se remettent dans l'alignement.

FINETTE.

Je proteste, c'est de l'arbitraire.

DU TRÉTEAU, saluant.

Monsieur le Proviseur.

LEMPLUMÉ.

Continuez, je vous en prie, n'interrompez pas l'exercice.

DU TRÉTEAU, s'incline et commande.

Portez armes! reposez armes! portez armes! présentez armes! portez armes! par le flanc gauche, gauche... par file à gauche... marche!

Sortie des élèves et de du Tréteau.

SCÈNE III

LEMPLUMÉ, FINETTE.

LEMPLUMÉ.

Voici votre classe, mademoiselle.

FINETTE.

C'est ça votre boîte? Chouette!

LEMPLUMÉ.

Mademoiselle, veuillez parler autrement.

FINETTE.

Oui! Eh bien! je l'ai assez vue comme ça. Tout ça n'est

pas sérieux, hein? Je vous dis que je ne veux pas rester ici moi, rendez-moi à M'man.

LEMPLUMÉ.

Non, mademoiselle, c'est impossible.

FINETTE.

Ah! c'est comme ça... Eh bien, ça va être gai. Vous voulez me garder contre mon gré. Je vous préviens que tous les moyens me seront bons pour sortir d'ici... Ah! vous voulez lutter, eh bien! votre collège en verra de belles.

I

Moi je suis très bonne fille,
Franc comme or, cœur sur la main,
Mais faut pas qu'on me houspille
Ou bien je fais du potin !
C'est la paix que je vous offre,
Relâchez-moi, voilà tout,
Mais dame si l'on me coffre,
C'est la guerre jusqu'au bout,
(Parlé.) Alors...
Va pour la bataille

C'est toi qui l'auras voulu.
Fallait pas qu'y aille (*bis*)
Zut, tant pis, turlututu!

II

En vain vous parlez en maltre,
Je n'accepte pas vos lois,
Je ne vous prends pas en traltre,
Une fois, deux fois, trois fois !
C'est une chose entendue,
Vous ne voulez pas céder,
C'est donc la guerre conclue,
Oui, vous voulez me garder,
(Parlé.) Eh bien !...
Va pour la bataille,
C'est toi qui l'auras voulu.

Etc.

FINETTE.

Oui, c'est bon ! c'est bon ! Enfin vous ne direz pas que vous n'avez pas été prévenu.

SCÈNE IV

LES MÊMES, LES ELÈVES.

LEMPLUMÉ.

Moi, je vous dis que vous obéirez. (Aux élèves qui rentrent.) Comment vous voilà revenues ! Eh bien, et l'exercice ?

SOPHIE.

Monsieur, il n'y en a pas, l'instructeur n'est pas venu, il s'est foulé le pied.

LEMPLUMÉ.

C'est bien !... Voici une nouvelle camarade que je vous présente. (A Finette.) J'espère que le bon exemple de vos condisciples changera vos idées. Mesdemoiselles, soyez sages.

Il sort.

FINETTE.

Je ne suis pas une brebis de Panurge, moi.

SCÈNE V

FINETTE, LES ELÈVES.

ALICE.

Que je suis contente de te revoir !

FINETTE.

Moi, je le serais si c'était ailleurs.

BERTHE.

Et ton amour?

FINETTE.

Il m'a conduite ici, mon amour. Quand verrai-je Apollon maintenant ?

ROSE.

Comment t'appelles-tu ?

FINETTE, grincheuse.

Finette.

ROSE.

Comme elle a l'air grincheux.

ALICE.

Tu verras, tu seras très bien ici ! Et puis si tu as à écrire à ton Apollon, tu peux ! On fait mettre les lettres à la poste par les externes.

SOPHIE, très importante.

Alors il paraît qu'il y a une nouvelle. Arrive ici, toi, qu'on te voie.

FINETTE.

C'est à moi qu'elle parle comme ça?

ALICE.

Oui, mais ne dis rien, parce que c'est Sophie l'intombable ! Elle n'est pas commode.

FINETTE.

Ah ! bien, c'est ça qui m'est égal.

SOPHIE.

Eh bien, dis donc, la nouvelle, tu n'entends donc pas quand on te parle ?

FINETTE.

Qu'est-ce qu'il vous faut, à vous?

SOPHIE.

D'abord, il me faudra changer ce ton-là !... Arrive ici, tu sais, c'est pas aux nouvelles à faire les malignes, je te prends, moi.

FINETTE.

Comment ça ?

SOPHIE.

Eh bien, pour faire tout mon fourbi, comme on dit au régiment, tu me prêteras tes devoirs... le matin tu me feras mon lit.

FINETTE.

Hein!... Oh! mais, dis donc, t'as pas froid aux yeux ! Regarde donc, si je vais te le faire, ton lit.

SOPHIE.

Qu'est-ce que c'est?

ALICE.

Finette, je t'en prie, ne résiste pas!

FINETTE.

Oh! mais il ne faudrait pas essayer de me mécaniser.

ROSE.

Ça va chauffer.

SOPHIE.

C'est à moi que tu parles comme ça! oh! tu ne connais pas Sophie l'intombable.

FINETTE.

Intombable tant que tu voudras, il ne faudrait pas croire que tu me fasses peur.

SOPHIE.

Moucheron, va !

FINETTE.

Oh! moucheron! Paquet !

SOPHIE.

Paquet! répète-le donc!

FINETTE.

Oui, je le répéterai, paquet ! paquet! paquet!

La lutte s'engage. Les élèves entourent les combattantes. Tumulte, cris dans lesquels on entend : hardi !... bravo !

TOUTES.

Bravo, bravo, Finette !

Le groupe se sépare et l'on voit Sophie à terre, terrassée par Finette, pendant que Sophie se relève furieuse.

SCÈNE VI

LES MÊMES, SABOULOT, UN GARÇON.

ROSE.

Un ban à Finette !

TOUTES.

Oui, une, deux, trois.

FINETTE, faisant des manières.

Mesdemoiselles, je vous en prie...

Entre Saboulot.

TOUTES, faisant le ban en frappant dans les mains et sur la table.

Pan, pan, pan ! pan pan ! pan ! pan pan pan pan ! pan !
pan ! pan pan ! hip ! hip ! hourrah !

SABOULOT, surgissant au milieu des élèves.

Mesdemoiselles, je suis très flatté de l'ovation que vous
me faites.

TOUTES.

Qu'est-ce que c'est que celui-là ?

FINETTE, à part.

Saboulot !

SABOULOT, au garçon.

Voulez-vous aller prévenir le proviseur que M. Saboulot, le nouveau professeur de physique et de chimie vient
d'arriver.

LE GARÇON.

Oui, monsieur !

Il sort.

TOUTES.

Le professeur de physique !

SABOULOT.

Mesdemoiselles, je suis votre... (A part.) Mâtin, les jolies
filles. (Haut.) Je suis votre nou... nou... je suis votre
veau... votre nouveau professeur. (A part.) Tout ce beau
sexe pour un homme seul. (Haut.) Votre nouveau professeur de physique.

ROSE.

Je crois qu'il bégaye.

SABOULOT.

Je ne vous cacherai pas que je suis disposé... (Regardant Emilie.) Elle a de jolies dents, celle-là... Que je suis disposé. (Brusquement, aux élèves qui l'entourent.) Eh ! ne m'entourez pas comme ça, vous m'étouffez ! Allons ! En dehors du rayon, n'est-ce pas ? (A part.) C'est vrai !... tous ces yeux à la fois... si je ne veux pas me laisser dominer. (Haut.) Allons, regagnez vos places, je vous prie, mesdemoiselles.

Les élèves regagnent leurs places.

I

Certes, je suis bien à l'abri
De Cupidon et de sa flèche,
Et je puis braver sans souci
Frimousse provocante et fraîche.
Ne cherche plus à m'enflammer,
Ma pauvrette, je t'en défie !
On ne peut pas plus m'allumer } Bis.
Qu'une allumette de la Régie.

II

Toutefois il ne faudrait pas
Pousser les choses à l'extrême
Et l'on a vu, dans certains cas,
Brûler ces allumettes même ;
Car si vous la jetez, parbleu,
Dans le foyer d'un incendie,
Vous risquez de mettre le feu } Bis.
A l'allumette de la Régie.

SABOULOT, apercevant Finette qui lui tourne le dos.

J'avais prié qu'on allât s'asseoir... Je parlais pour tout le monde. (A Finette.) Mademoiselle, je dis cela pour tout le monde... Eh ! vous, là ! oui, la petite demoiselle !

FINETTE, se retournant.

Quoi ?

SABOULOT.

Finette!... Elle!... (Sardonique.) Ah! ah! ah! à ton tour Saboulot, à toi le beau rôle. .

FINETTE, au public.

Et dire que c'est à cause de cette vieille perruque que que je suis sous clé...

SABOULOT, à part.

Je ne veux même pas avoir l'air de la connaître. (Haut.) Veuillez aller vous asseoir.

FINETTE, d'une voix flûtée.

Flûte !

SABOULOT, interdit.

Voilà !... c'est très bien!... (Il arpente la scène avec importance.) Je lui donne des ordres!... elle ne les exécute pas; mais je lui donne des ordres tout de même. (Haut.) Mesmoiselles, nous allons commencer le cours.

ALICE, à Berthe.

Un écarté, Berthe !

BERTHE.

Un écarté, soit !

Elles mettent un dictionnaire devant elles pour cacher ce qu'elles font, et jouent.

SABOULOT.

Et c'est pour vous, mesdemoiselles les assises, que je le commence, mon cours... car pour mademoiselle je ne m'en occupe pas plus que si elle n'existait pas.

FINETTE, entre ses dents.

Oui, mon vieux, t'as raison ; car en fait de cour t'as pas été heureux avec moi!

SABOULOT.

Mademoiselle, je ne vous adresse pas la parole, je parle à ces demoiselles.

FINETTE.

Ah! bien!

SABOULOT, aux élèves.

Quant à mademoiselle elle peut s'obstiner à rester au piquet au milieu de la classe, je ne m'aperçois même pas qu'elle est là.

FINETTE.

C'est bon, on l'a entendu.

SABOULOT.

Mais là pas du tout ! pas du tout! (A part.) Je la martyrise !

FINETTE.

Au fait, il a raison, je vais m'asseoir.

Elle va s'asseoir au premier banc à côté d'Alice.

SABOULOT.

Ainsi, mademoiselle s'est assise, je n'y ai même pas fait attention. (A part.) Je veux qu'elle le voie bien. (Haut.) Mes chères élèves, je commencerai par le commencement !

FINETTE, assise lt. tête dans son pupitre.

Oui, M. de la Palisse.

SABOULOT.

Vous dites ?

FINETTE, se levant et l'imitant.

Je parle à ces demoiselles.

Elle s'assied.

SABOULOT.

Ah! bon... La physique est la science...

BERTHE, jouant à l'écarté.

Cœur !

SABOULOT, les voyant jouer.

Qu'est-ce qu'elles font là ! Elles jouent à l'écarté ! (Au moment où Alice s'apprête à jeter sa carte.) Mais non, mademoiselle, vous devez répondre à la couleur. (Il jette les cartes à mesure.) Cœur, atout, atout et atout... vous ne savez pas jouer à l'écarté, mon enfant. (Continuant son cours.) La physique est la science des choses naturelles.

ROSE.

M'sieur, alors l'amour c'est de la physique ?

SABOULOT.

Jamais de la vie !

SOPHIE.

Pourtant, m'sieur, c'est une chose naturelle.

SABOULOT.

Il y a des gens qui le disent... Mais c'est de la philoso-

4.

phie. (Avec intention, à Finette.) Il n'y a guère que la femme qui fasse de l'amour une question de physique. (Finette fait des cocottes.) Je perds mon temps, elle fait des cocottes. (A Finette.) Mademoiselle, quand je donne la leçon, je vous prieriais de ne pas faire, ce que j'appellerai par euphémisme, à cause de ces jeunes filles, des demoiselles en papier.

FINETTE.

Flûte.

SABOULOT.

Voilà ! (A part.) Ma parole, elle a presque l'air de se moquer de moi... (Clarisse lui envoie une boulette de papier mâché.) Qu'est-ce qui m'a lancé cette boulette de papier mâché ? Mademoiselle là-bas, c'est vous, je vous ai vue.

CLARISSE.

Moi, m'sieur.

SABOULOT.

Vous serez privée de récréation pendant deux jours.

CLARISSE.

Oh ! m'sieur... vous n'êtes pas galant.

SABOULOT.

Vous oubliez que je suis votre professeur.

CLARISSE.

Et vous, que je suis une femme... on doit tout passer aux femmes.

TOUTES.

Oui, oui.

SABOULOT.

Je ne dis pas. Mais alors, on ne lance pas du papier mâché... voyez-vous des gens bien... voyez-vous madame votre mère lancer des boulettes de papier mâché !

CLARISSE.

Maman ne me dit pas ce qu'elle fait.

SABOULOT, faiblissant.

Elle est gentille aussi... (Haut.) Allons ! passe pour cette fois, mais n'y revenez plus.

TOUTES.

Ah !

FINETTE.

J'ai assez d'être assise, je vais me débrouiller les jambes...

Elle arpente la salle à grands pas.

SABOULOT, la regardant.

Non, mais ne vous gênez pas!

FINETTE.

Vous voyez! c'est ce que je fais,

SABOULOT, avec affectation.

Je voudrais bien savoir quelle est cette jeune fille qui se permet toutes ces licences... Comment vous appelez-vous, mademoiselle?

FINETTE, à mi-voix.

Moi? faites donc pas l'imbécile.

SABOULOT.

Hein?

FINETTE.

Vous ne me connaissez pas! Eh! bien, je vais vous donner de la mémoire... (Aux élèves.) Finette Bichu, fiancée en rupture de bans... devait épouser un magot.

SABOULOT, la faisant passer.

Assez! assez!

FINETTE.

Un instrument à mathématiques, une boîte à chiffres.

SABOULOT.

Assez, assez! (Aux élèves.) Mesdemoiselles, bouchez-vous les oreilles... (A part.) Elle va trop loin.

FINETTE.

Et ce magot, cet instrument à mathématiques, je le nommerai.

TOUTES.

Nomme-le!

SABOULOT.

Non, non. (Aux élèves.) Mesdemoiselles je vous donne campo... sortez toutes... (A part.) Quelle bavarde, mon Dieu, quelle bavarde!

LES ÉLÈVES, sortant.

Nomme-le!

SCÈNE VII

FINETTE, SABOULOT.

FINETTE.

Ah! ah! il parait que vous me reconnaissez maintenant...

SABOULOT.

Oui, Finette, je vous en supplie, pas de bruit, pas de scandale.

FINETTE.

Et voilà, monsieur, comment d'un seul mot je fais tomber toute votre arrogance! Vous canez, monsieur.

SABOULOT.

Finette!

FINETTE.

Ah! tenez, vous me faites pitié! Voilà bien les hommes! Des mouches !

SABOULOT.

Mais enfin, qu'est-ce que je vous ai fait?

FINETTE.

Il le demande! Mais sans vous, est-ce que je serais ici?... C'est à vous que je dois ma réclusion.

SABOULOT.

Eh! bien, si vous voulez, vous pouvez être libre... dites un mot à vos parents...

FINETTE, avec intérêt.

Quoi?

SABOULOT.

Que vous m'aimez!

FINETTE, sursautant.

Moi! jamais!

SABOULOT.

Oh! étrange chose que la vie... j'aurai fait fi des

femmes qui m'ont aimé et il faut que ce soit celle que
j'aime qui me repousse.

FINETTE, avec un air de doute.

Vous avez été aimé, vous ?

SABOULOT.

Certes... et discrètement sans qu'on me le dise.

FINETTE, railleuse.

Ah ! bon !

SABOULOT.

C'étaient des femmes du monde !

FINETTE, même jeu.

Ne les compromettez pas.

SABOULOT.

Jamais !... Ah ! Finette, pourquoi ne m'aimez-vous pas !
nous aurions pu être si heureux dans le petit apparte-
ment que je nous avais fait meubler faubourg Poisson-
nière. Ah ! que je suis malheureux !

Soupir de Finette.

SABOULOT.

Vous soupirez ? Oh ! dites-moi que je puis au moins espérer.

FINETTE.

Oh ! on peut toujours espérer.

SABOULOT, il se met à ses genoux.

Oui ? Ah !... Et vous m'aimerez... hein ! oh ! aimez-moi !
dites...

FINETTE.

Qui sait !... si vous y mettez du vôtre. (A part.) Non,
mais c'est qu'il croit que c'est arrivé. (Indiquant la perruque.)
Oh ! mais d'abord je ne veux pas vous voir avec cette
vilaine chevelure... enlevez ça, dites...

SABOULOT, embarrassé.

Mais c'est à moi.

FINETTE.

Oui ? Eh ! bien, faites-m'en cadeau !

SABOULOT.

Hein !

FINETTE.

Oui, j'aime mieux la tête nature! Enlevez ça, voyons.

Elle lui retire son toupet qui découvre un crâne magnifiquement chauve sur la partie supérieure.

SABOULOT.

C'est que je suis un peu ras en-dessous.

On aperçoit les élèves, la figure collée aux vitres.

FINETTE.

Ah! comme je vous aime déjà mieux comme ça. (Lui caressant la tête.) Ah! c'est doux, c'est lisse... vous avez dù mettre du pilivorc...

SABOULOT.

Oui, oui, précisément.

FINETTE.

Alors maintenant, je voudrais vous voir avec des cheveux... des cheveux à vous... Oh! tu laisseras pousser tes cheveux, dis, Joseph.

SABOULOT.

Oui, certainement... Ah! Finette, que je suis heureux!

FINETTE.

Et alors... Le jour où tu auras tous tes cheveux..... je serai ta femme.

SABOULOT.

Hein!

Les élèves qui se sont formées en monôme viennent sur la pointe des pieds, rejoindre Finette qui prend la tête du monôme et toutes décrivent en éclatant de rire, des arabesques derrière Saboulot qui reste tout le temps en vue du public. Elles remontent ainsi défilant entre la première et la deuxième rangée de pupitres, et viennent former le demi-cercle autour de Saboulot.

SABOULOT.

Je suis joué...

LES ÉLÈVES.

Ah! ce caillou! Ah! ce caillou!

SABOULOT.

Ça n'est pas vrai! Je me suis fait tondre.

FINETTE, brandissant la perruque.

Et voici la coupe.

SABOULOT, furieux.

Rendez-moi ça !... Rendez-moi ça ! (Les élèves se rejettent la perruque de l'une à l'autre.) Ah ! c'est comme ça !... je consigne toute la classe jusqu'à nouvel ordre. (Il regagne la chaire hors de lui et s'assied dans la cuvette.) Ah ! mon Dieu !

FINETTE.

V'lan dans la cuvette.

LES ÉLÈVES, riant.

Ah ! ah ! ah !

SABOULOT.

Je suis trempé ! Où me changer...

LES ÉLÈVES, le poussant vers les « arrêts. »

Tenez par là... (On l'introduit; une fois dedans, Finette met 1 verrou.) Enfermons-le.

SCÈNE VIII

LES MÊMES, moins SABOULOT.

FINETTE.

En voilà un sous clé... Et voilà comment on fait les révolutions... Ah ! mesdemoiselles, si vous le vouliez, c'est vous qui feriez la loi ici.

LES ÉLÈVES.

Comment cela ?...

FINETTE.

Tenez, puisque nous sommes seules... Eh ! bien conspirons... Nous allons faire un meeting.

LES ÉLÈVES.

C'est cela ! un meeting ! un meeting !

FINETTE, montant à la chaire.

Je m'accorde la parole !... Oui, mesdemoiselles !...

ROSE.

Appelez-nous lycéennes.

FINETTE.

Oui, lycéennes, il ne tient qu'à vous d'être maîtresses ici... Mais regardez!... A quels adversaires avons-nous affaire... à des hommes! Qu'est-ce que c'est que ça, des hommes?

TOUTES.

Hé! hé!

FINETTE.

Il n'y a pas de hé! hé! Qu'est-ce qui fait la force de nos chefs, c'est notre faiblesse. Oui, lycéennes, relevez la tête, vous représentez le nombre, par conséquent, vous êtes la force...

TOUTES.

Oui, oui.

FINETTE.

Que nous manque-t-il? nous avons des armes! que risquons-nous? nous ne sommes pas majeures.

TOUTES.

C'est vrai!

FINETTE.

Si vous le voulez, ce soir, nous serons seuls maîtres ici.

LES ÉLÈVES.

Bravo! bravo!

ALICE.

Je propose de nommer Finette chef de la conspiration.

LES ÉLÈVES.

Adopté!! Bravo!

FINETTE, descendant de la chaire.

Ah! me voilà chefesse!

LES ÉLÈVES.

Vive Finette!

CHŒUR.

Lycéenne, prépare-toi,
Bientôt l'heure sera sonnée,
Où tu pourras faire la loi
En conquérant tout ton Lycée.

Marchons ! Renversons tout à bas,
Et toutes femmes que nous sommes
Prouvons qu'on ne nous conduit pas
Ainsi que l'on conduit des hommes.

FINETTE.

Chahut, chahut, chahut !
Viv' les vac' à bas le bahut !
Plus de philo,
Plus de rhéto.
Mort aux math' et mort au bac.

CHŒUR.

Chahut, chahut, chahut !
Vi'v les vac' à bas l'bahut !
Mort aux math'et mort au bac.
Pions dans l'sac
Et sac à l'eau !
Chaud ! Chaud ! Chaud !

TOUTES.

Vive Finette !

SCÈNE IX

LES MÊMES, BOUVARD.

BOUVARD, arrivant du fond sans avoir été vu des élèves.
Pardon, mesdemoiselles !

TOUTES, effrayées se sauvent.
Ah !

FINETTE.
Eh ! bien, c'est comme ça que vous filez à la première alerte... (Apercevant Bouvard.) Apollon, toi ! c'est retoi !

BOUVARD.
C'est remoi !

FINETTE.

Lycéennes, la séance est levée, vous pouvez vous retirer !

REPRISE DU CHŒUR.

Chahut, chahut !
Etc.

Sortie.

SCÈNE X

BOUVARD, FINETTE.

BOUVARD.

A la bonne heure, vous ne vous ennuyez pas ici !

FINETTE.

Apollon ! vous dans ce collège ! Quelle imprudence !

BOUVARD.

Ah ! j'ai cru que je n'arriverais jamais jusqu'ici ; j'avais un cocher épouvantable ; nous avons fait une de ces courses incohérentes... non, on ne le croirait pas !...

CHANSON INCOHÉRENTE

J'aperçois un fiacre qui passe,
Je lui fais signe, hop ! et j'y grimpe,
Mais si ce n'est pas de la guigne,
Son carcan n'allait pas du tout.

Pan pan, pan pan,
Pan pan, pan pan pan,
Pan pan, pan pan,
Pan pan, pan pan pan.

Le cocher qu'était tout novice
Ne connaissait pas son chemin,
Au lieu d'aller où je lui dis,
Il me dirige à Charenton,

Pan pan, pan pan,
Etc.

Sur le quai, grand rassemblement,
Il nous faut rebrousser chemin.
   C'est une foule qui regarde
Ce qu'on pouvait bien regarder.

     Pan pan, pan pan !
      Etc.

Mon cocher fait donc volte face,
Vient un tramway qui nous culbute,
Et comme c'est nous les plus faibles,
C'est nous que l'on fourré en fourrière.

     Pan pan, pan pan !
      Etc.

Voilà comment j'ai pris l'parti
De faire route sur mes jambes !
Morale : quand on est pressé,
Il ne faut pas prendre de fiacre.

     Pan pan, pan pan !
      Etc.

FINETTE.

Mais pour pénétrer dans le collège, comment avez-vous fait ? Le concierge vous a laissé entrer.

BOUVARD.

Oui, j'ai payé de toupet ! Je lui ai dit : « Me voilà ! je ne suis pas en retard ? » il m'a répondu : « Mais je ne crois pas, monsieur » et je suis passé ! Ce n'est pas plus malin que ça.

FINETTE.

C'est parfait. Et maintenant qu'est-ce que vous allez faire ?

BOUVARD.

Ah ! bien voilà ! je viens vous le demander.

FINETTE.

Comment, vous venez me le demander?... mais ça me paraît indiqué ! Vous allez m'enlever !

BOUVARD.

Vous enlever !

FINETTE.

Evidemment... et une fois dehors... je vous suis partout .. je me compromets avec vous.

BOUVARD.

Je ne vous dis pas... certainement, je suis très flatté... mais c'est que ça relève des tribunaux, ça.

FINETTE.

Ah ! Apollon, vous ne m'aimez pas.

SCÈNE XI

LES MÊMES, puis LEMPLUMÉ.

VOIX DE LEMPLUMÉ.

N'est-ce pas, mon ami, vous apporterez les instruments de chimie pour le cours?

FINETTE.

Ah ! mon Dieu !

BOUVARD.

Qu'est-ce que c'est ?

FINETTE.

Le proviseur ! Je l'avais oublié ! Cachez-vous !

Bouvard se précipite où est enfermé Saboulot.

FINETTE.

Non pas, par là ! il y en a déjà un ! Merci, ils se mangeraient.

BOUVARD, se cache sous la rangée de pupitres du fond.

Là !... on ne me voit pas ?

LEMPLUMÉ, entrant.

Je vous demande pardon... (A Finette.) Tiens, où est donc le professeur de physique et de chimie?

FINETTE, embarrassée.

Je ne l'ai pas vu, monsieur le proviseur.

LEMPLUMÉ.

Comment, vous ne l'avez pas vu, mais alors... (Apercevant Bouvard à quatre pattes sous la table.) Eh ! mais le voilà... Eh ! qu'est-ce que vous faites là, monsieur ?

BOUVARD, embarrassé.

Je vous attendais, monsieur le proviseur.

LEMPLUMÉ.

A quatre pattes sous la table.

BOUVARD.

Je vais vous dire, en attendant j'inspectais la classe.

LEMPLUMÉ.

A quatre pattes.

BOUVARD.

J'ai la vue un peu basse.

LEMPLUMÉ.

Je vous demande pardon, si je vous ai fait attendre, mon cher collègue.

BOUVARD, se relevant.

Oh ! (A part.) Cher collègue, c'est donc un peintre.

LEMPLUMÉ.

C'est aujourd'hui que vous commencez votre cours de physique et de chimie.

BOUVARD, interloqué.

Ah ?

LEMPLUMÉ.

Comment cela ? ah !

BOUVARD.

Non, je veux dire « Ah ! oui. » Vous ne m'avez pas donné le temps de finir. (A part.) Est-ce qu'on va me mettre partout, comme ça à toutes les sauces ?

LEMPLUMÉ.

Mais où sont donc les élèves ? Elles devraient être en classe.

BOUVARD.

Quand elles m'ont vu, elles se sont retirées discrètement.

LEMPLUMÉ, à Finette.

Voulez-vous les appeler, mademoiselle.

FINETTE.

Eh ! là-bas ! eh !... oui, vous, venez.

Rentrée progressive des élèves.

LEMPLUMÉ, à Bouvard.

Hum... beau temps, aujourd'hui.

BOUVARD.

Oui ; mais chaud, chaud, chaud, chaud, très chaud...
(A part.) C'est drôle comme on est bête quand on n'a rien
à se dire... On le sait bien qu'il fait chaud. Eh ! bien non...

SCÈNE XII

LES MÊMES, LES ÉLÈVES, LE GARÇON.

LEMPLUMÉ, aux élèves.

Veuillez regagner vos places... Qu'est-ce que c'est que
ces manières d'aller se promener quand vous voyez arriver votre professeur.

LES ÉLÈVES, bas entre elles.

Quel professeur ?

LE PROVISEUR.

Chut ! regagnez vos places.

Le garçon apporte la table chargée des instruments de chimie,
cuves, cornues, bocaux, éprouvettes, etc. et la place à la droite
de la porte d'entrée.

LEMPLUMÉ.

Et maintenant, monsieur, voulez-vous commencer votre cours ?

BOUVARD.

Hein ! moi ! il faut que...

LEMPLUMÉ.

Je vous en prie

BOUVARD, à part.

Ah ! non, il abuse... il devient indiscret. (Haut.) Alors,
vous croyez qu'il faut que ..

Il monte à sa chaire.

LEMPLUMÉ.

Eh bien, naturellement.

BOUVARD.

C'est que je vais vous dire... je suis très timide... et dam, tant que je n'ai pas commencé mon cours, je n'ose pas.

LEMPLUMÉ.

Précisément, commencez-le.

BOUVARD.

Ah! Oui, mais voilà! tant que je n'ose pas, je ne le commence pas.

LEMPLUMÉ.

Alors, ça peut durer longtemps... faites-vous violence, voyons !... Un peu de physique, allez!

BOUVARD, répétant, à part.

Un peu de physique, allez ! un peu de physique, allez ! S'il croit que c'est commode... c'est que je n'ai que de faibles notions... (Haut.) Enfin allons-y, va pour la physique, puisqu'il le faut.

Les élèves écoutent avec attention, le proviseur s'installe.

BOUVARD, continuant.

Mesdemoiselles, je vais faire devant vous aujourd'hui, quelques expériences de physique. (Descendant de la chaire. Quelqu'un aurait-il un mouchoir propre à me prêter e une pièce de cent sous ?

LEMPLUMÉ et LES ÉLÈVES.

Hein ?

BOUVARD, demandant à Lemplumé.

Monsieur le Proviseur, s'il vous plaît ?

LEMPLUMÉ, lui remettant son mouchoir et une pièce de cinq francs.

Voilà... mais je ne vois pas.

BOUVARD.

Laissez-moi faire... vous voyez cette pièce de cinq francs .. hop ! disparue (Il l'escamote.) Eh! bien, elle est au bout de votre nez, monsieur le Proviseur.

Il retire la pièce du nez du Proviseur.

TOUTES.

Ah ! bravo !

LEMPLUMÉ.

Mais pardon, vous vous trompez de physique, celle-là n'est pas dans le programme.

BOUVARD.

Pardon, si, c'est dans le nouveau programme. (Continuant.) Cette pièce de cent sous, je la mets dans ce mouchoir... Elle y est bien... Eh bien! regardez, une... deux... trois... disparue... (Il déploie le mouchoir, la pièce tombe sur le parquet.) Et voilà... c'est manqué... (Il ramasse la pièce.) Je la remets dans le mouchoir; monsieur le proviseur, veuillez compter jusqu'à dix à haute voix. (Il couvre la pièce du mouchoir qu'il serre immédiatement au-dessous de la pièce.) Veuillez couper le mouchoir, mademoiselle. (Une élève coupe. — Au proviseur qui continue à compter et qui a atteint vingt ou vingt-cinq.) Quand vous serez à dix, vous vous arrêterez ! (Aux élèves.) Là, vous voyez bien ce trou dans le mouchoir !

LES ÉLÈVES.

Oui, oui.

BOUVARD.

Vous le voyez, monsieur le proviseur !

LEMPLUMÉ, inquiet.

Mais c'est mon mouchoir.

BOUVARD.

N'ayez pas peur, je vous le remettrai dans le même état ! (Aux élèves.) Vous voyez un mouchoir avec un trou... je vais vous en remettre un sans trou... pour ça, je le mets dans ma poche... je le retire. (Il retire son mouchoir qui est d'une autre couleur que celui du proviseur.) Eh bien ! il n'y a plus de trou !

QUELQUES ÉLÈVES.

Mais ce n'est pas le même mouchoir !

BOUVARD.

Mais je n'ai pas dit que ce serait le même mouchoir... j'ai dit qu'il n'y aurait plus de trou... Si les mouchoirs étaient pareils, on n'y aurait vu que du feu... C'est pas la peine de débiner le truc.

LEMPLUMÉ.

Mais alors, mon mouchoir à moi !

BOUVARD, le tirant de sa poche.

Le voici, monsieur le proviseur.

LEMPLUMÉ, le déployant.

Eh ! bien, il est joli ! je vous remercie.

BOUVARD.

Oui, mais vous avez une pièce de cent sous.

LEMPLUMÉ.

Parbleu, c'est ma pièce !

BOUVARD, remontant à la chaire.

Maintenant, par quoi pourrai-je bien continuer ? (Retirant la calotte que le proviseur a sur la tête.) Vous voyez cette calotte ?

LEMPLUMÉ, rattrapant sa calotte.

Non, assez de physique comme cela... ça coûte trop cher, faites plutôt de la chimie, tenez !

Le garçon apporte la table de chimie au milieu de la scène face aux élèves.

BOUVARD, inquiet.

De la chimie ?

LEMPLUMÉ.

Oui.

BOUVARD.

De la chimie ? avec toutes ces petites fioles-là...

LEMPLUMÉ.

Dame...

BOUVARD, à part.

Diable, diable, diable, c'est que je n'aime pas jouer avec ces machines-là.

LEMPLUMÉ.

Eh ! bien, allez !

BOUVARD, à part.

On ne sait pas ce qu'il y a là dedans, et c'est comme ça qu'il arrive des accidents... (Haut.) Ça n'est pas dangereux au moins...

5.

LEMPLUMÉ.

Quand on sait s'y prendre, non, parbleu...

BOUVARD.

Il est rassurant... avec ça, il n'a pas l'air de s'y connaître plus que moi...(Haut.) Eh ! bien, voilà. (Prenant un
des bocaux.) (Au proviseur.) Approchez-vous, M. le proviseur... (A part.) Au moins s'il arrive quelque chose j'aime
autant qu'il soit là. (Reprenant.) Eh ! bien voilà... vous voyez
bien, cette machine-là... ce liquide... et puis cet autre-là...
Eh ! bien voilà, quand on les met ensemble... vous allez
voir ce que ça fait... nous allons voir ce que ça fait. (Il
verse le contenu des deux fioles dans une cuve.) Faites bien attention ! (Une grande détonation se produit, tout le monde sursaute ;
quant à Bouvard terrifié, il saute en l'air, pivote sur lui-même, n'ayant
plus la tête à lui.) Là, voilà !... J'en étais sûr... c'est stupide,
ces choses-là.

LEMPLUMÉ.

Aussi, vous êtes d'une maladresse...
On entend du bruit dans la pièce où est enfermé Saboulot.

FINETTE.

Allons bon, Saboulot qui s'impatiente là-bas...

LEMPLUMÉ.

Qu'est-ce qui fait ce bruit-là ? (Le bruit redouble, on entend
« Ouvrez »). Il y a quelqu'un d'enfermé là-dedans.

Il va ouvrir.

FINETTE.

Nous sommes flambés.

LEMPLUMÉ.

Sortez, monsieur.

Il tire Saboulot.

SCÈNE XIII

Les Mêmes, SABOULOT.

SABOULOT, en caleçon.

Ne me tirez donc pas comme ça.

LEMPLUMÉ.

Un homme déshabillé. (Aux élèves.) Sortez, mesdemoiselles, allez au jardin. (Les élèves à l'exception de Finette sortent avec des petits cris de poules effarouchées en se cachant les yeux tandis que Lemplumé couvre Saboulot de son corps. — A Saboulot.) Qui êtes-vous, monsieur, quelle est cette tenue ?

SABOULOT.

C'est moi ! Pendant que mon pantalon séchait, je me suis endormi, quand tout à coup une explosion épouvantable...

LEMPLUMÉ.

Et que venez-vous faire ici ?

SABOULOT.

Mais je viens faire le cours à ces demoiselles.

BOUVARD.

Il vient faire la cour à ces demoiselles, vous l'entendez, c'est un don Juan, un vilain don Juan. Chassez-le, monsieur le proviseur.

SABOULOT, reconnaissant Bouvard.

Hein ! l'en-tout-cas, dans cette maison, le pseudo-notaire, c'est lui qu'il faut chasser.

BOUVARD.

Me chasser, moi ?...

LEMPLUMÉ.

Chasser M. Saboulot.

SABOULOT.

Eh! Saboulot, c'est moi... lui, est Apollon Bouvard... un galantin qui vient pour enlever cette jeune fille.

LEMPLUMÉ.

Hein !

BOUVARD.

Eh ! bien oui, là, c'est vrai, je suis Apollon Bouvard... après?...

LEMPLUMÉ.

Quelle audace ! Je vais vous faire mettre à la porte.

FINETTE.

A la porte lui... faudrait voir ça. (Aux élèves.) Aux armes !

Les élèves reviennent armées.

LEMPLUMÉ.

Qu'est-ce qu'il y a ?

FINETTE.

Il y a que vous êtes nos prisonniers.

Les élèves présentent leurs baïonnettes au proviseur et à Saboulot.

LEMPLUMÉ.

Une révolte !

FINETTE.

Et maintenant ! oui, monsieur est Apollon Bouvard, et je pars avec lui... Vous pourrez le dire si on vous le demande.

TOUTES.

Vive Finette !

Tout le monde reprend le chœur de la Lycéenne.

Chahut, chahut chahut !
Viv' les vac' à bas l' bahut !
Etc.

Les élèves marchent sur le proviseur qui se débat, Bouvard lui met le panier à papiers sur la tête. Le rideau tombe sur la fuite de Finette avec Apollon.

Rideau.

ACTE TROISIÈME

Le théâtre représente l'intérieur du Jardin de Paris. L'entrée est au fond, à droite, et donne elle-même sur la façade du palais de l'Industrie. A gauche, la colonnade, dont le kiosque des musiciens, invisible au public est le centre. A droite, la façade du café. Au premier plan à gauche, la boutique dans laquelle Bouvard fait ses silhouettes, petites tables et chaises à droite pour les consommateurs. Au milieu de ces tables, une petite estrade; au fond, une affiche avec ces mots : Ce soir, au jardin de Paris, débuts de mademoiselle Satinette, chanteuse de genre.

SCÈNE PREMIÈRE

BOUVARD, DU TRÉTEAU, ANITA, EGLANTINE, LA FOULE.
Va-et-vient des promeneurs.

CHŒUR.

LA FOULE.
Gai, gai, gai !
Gai, gai donc, ohé ! ohé !
Tout le gratin et la gomme,
Bell's petit's et beaux petits,
Tout ici comme un seul homme,
Court au Jardin de Paris
Gai, gai, gai, gai !
Gai, gai donc, ohé ! ohé !
Sur la fin du chœur des couples s'en vont en dansant.

BOUVARD, faisant la silhouette de du Tréteau.

Là, penchez plus la tête.. les yeux levés vers le ciel,
dans l'attitude de l'imploration... Bien!... Titillez de la
narine, bien! (A part.) Ce qu'il est laid comme cela!...

DU TRÉTEAU.

Faites-moi bien ressemblant.

BOUVARD.

Mais oui... (A part.) Et c'est ces frimousses-là qui plaisent
aux femmes...

DU TRÉTEAU.

Faites quelque chose de joli.

BOUVARD.

Vous m'en demandez trop!... Je ne peux pas et vous
faire ressemblant et faire quelque chose de joli.

DU TRÉTEAU.

Eh bien, vous êtes aimable, vous?

ANITA, venant de gauche, à Eglantine.

Oui, ma chère, je suis encore tout émue. J'ai éprouvé
ce matin, chez moi, un saisissement.

EGLANTINE.

Vraiment!

ANITA.

De tous mes meubles, ma chère.

Elles se placent au café, à la première table.

LE RÉGISSEUR.

Anatole!

ANATOLE, tenue d'employé.

Monsieur le Régisseur?

LE RÉGISSEUR.

Allez voir vos girandoles, là-bas... Elles ne sont pas al-
lumées, et puis, vos affiches pour les débuts de mademoiselle Satinette, il n'y en a pas à l'entrée.

ANATOLE.

Monsieur ne m'avait pas dit...

LE RÉGISSEUR.

Eh bien, je vous le dis.

ANITA.

Garçon, deux menthes vertes.

LE RÉGISSEUR.

Je ne veux pas encore avoir des ennuis avec mademoiselle Satinette, n'est-ce pas! Vous allez me faire le plaisir de l'afficher dehors.

ANATOLE.

De quoi?

LE RÉGISSEUR.

De l'afficher dehors.

ANATOLE, étonné.

Elle ?

LE RÉGISSEUR.

Eh! bien, oui, elle!

ANATOLE.

Ah!... bien! (A part.) En voilà des commissions agréables!

Ils sortent.

BOUVARD, dessinant.

Dieu! que je voudrais que cette soirée soit finie? Finette m'attend dans mon atelier... Voilà à peine une heure qu'elle est chez moi et je commence à en être très embarrassé. C'est que je n'avais pas mesuré tout d'abord. l'importance de mon équipée, vous pensez bien...

DU TRÉTEAU.

Vous dites...

BOUVARD.

Non, je parle à moi-même. Quand je fais des dessins qui ne m'intéressent pas, je cause tout seul, pour passer le temps!

DU TRÉTEAU.

Je vous demande pardon de m'être mêlé à la conversation.

BOUVARD.

De rien. (A part.) Si seulement, j'arrivais à l'épouser... Mais on me la refusera quand même. Ce Saboulot ne lâche pas, et moi, je n'ai pas le sou! Oh! sir Arthur Cornett, ô richissime Américain, fais que mon grand coup réussisse! Montre que tu as du goût! Achète-moi mon tableau.

ANITA.

Garçon, donnez-moi un autre verre. Il y a une mouche dans celui-là!

LE GARÇON, regardant.

C'est vrai!... pauvre bête.

UN MONSIEUR.

Garçon, une menthe verte.

LE GARÇON, retirant avec son doigt la mouche du verre d'Anita.

Voilà, monsieur!

Il lui porte la consommation d'Anita.

SCÈNE II

LES MÊMES, CARLIN, arrivant du fond.

Un Monsieur qui dessine, ce doit être Bouvard, auprès de qui mon client, sir Arthur Cornett, m'envoie.

BOUVARD, à du Tréteau.

Là, c'est fait.

CARLIN.

Pardon, Monsieur.

BOUVARD.

Le notaire, fichtre!... Qu'est-ce qu'il vient faire?

Il prend des lunettes bleues qu'il met sur son nez et enfonce son béret.

CARLIN, reconnaissant du Tréteau.

Eh! ce bon du Tréteau!...

DU TRÉTEAU.

Carlin! Vous êtes donc à Paris?

CARLIN.

Mais oui, je suis installé, j'ai acheté une charge.

DU TRÉTEAU.

Ah? moi je viens de faire faire la mienne. (Lui indiquant la place qu'il vient de quitter.) Tenez, faites-en autant!

CARLIN.

Moi, mais...

DU TRÉTEAU.

Allez donc, c'est moi qui paie... (A Bouvard.) vous allez croquer Monsieur.

BOUVARD.

Bon! (A part.) Pourvu qu'il ne me reconnaisse pas, mon Dieu!

DU TRÉTEAU.

Ah! Monsieur le notaire, c'est comme ça que vous venez vous perdre dans des endroits de plaisir.

CARLIN.

Mais non, du tout... Je viens ici en mission délicate... Je suis à la recherche de quelqu'un, d'un peintre, nommé Bouvard.

BOUVARD, à part.

A ma recherche... lui, le notaire de Bichu... Ah! mon Dieu! ils l'ont mis à mes trousses.

CARLIN, à Bouvard.

Monsieur ne serait pas, par hasard, ce monsieur Bouvard?

BOUVARD.

Hein! Non! jamais de la vie!... Moi! ah bien, il n'est plus ici, Bouvard... Il est parti... C'est moi qui le remplace.

CARLIN.

Comment, vraiment?... C'est dommage. (A part.) Ma foi, tant pis! Je dirai ça à sir Corcett!...

DU TRÉTEAU.

Eh! bien, commencez la silhouette de monsieur.

BOUVARD.

Voilà! (Il dispose Carlin.) Ouf! (Haut.) Penchez plus la tête! les yeux levés vers le ciel, dans l'attitude de l'imploration... Bien! Un demi-sourire intelligent... plus intelligent que ça encore... Non, je n'ai pas dit plus bête, j'ai dit plus intelligent! Hein? Vous ne pouvez pas? Bien, restez comme ça... Seulement, titillez de la narine! bien. (A part.) Il est encore plus laid que l'autre.

Bouvard dessine.

SCÈNE III

Les Mêmes, SABOULOT.

SABOULOT.

Voyons ! j'ai fait le tour du jardin de Paris... personne !
C'est assez curieux cette dépêche que je reçois. « Venez
ce soir au jardin de Paris, vous ne perdrez pas votre
soirée... Signé : une dame voilée ! » et pas de nom... C'est
évidemment une dépêche anonyme ! Une dame voilée ! Ce
ne peut être que pour me parler de Finette... à moins que
ce ne soit une aventure.

DU TRÉTEAU, réfléchissant.

Attendez donc... Apollon Bouvard...

BOUVARD.

Quoi, Bouvard ? Qu'est-ce qu'il chante ?

SABOULOT.

Euh ! je vais voir dans le café si elle ne me cherche
pas ! (Se glissant au milieu des tables.) Pardon, mesdames.

Il sort.

ANITA.

Passez, monsieur.

DU TRÉTEAU, récapitulant.

Bouvard ! Bouvard ! Bouvard !... Oui, c'est bien ça !

CARLIN.

Quoi ?

DU TRÉTEAU.

Ah ! mon cher, une histoire étonnante ! Vous savez que
je suis maître d'études ?

CARLIN.

Oui.

BOUVARD, dessinant.

Ne répondez pas : « oui ! » Ça vous fait faire une grimace
qui change la physionomie... Quand vous voudrez répondre oui, dites non... Ça ne se voit pas.

DU TRÉTEAU.

Je suis maître au Lycée Marmontel, un Lycée de jeunes filles.

BOUVARD.

Hein !

DU TRÉTEAU.

Or, voici le scandale qui s'est passé aujourd'hui même à Marmontel. Une jeune fille avait été mise au Lycée parce qu'elle avait refusé un bonhomme qu'on voulait lui faire épouser.

CARLIN.

Non.

DU TRÉTEAU.

Comment ! « Non », je vous dis que si...

CARLIN.

Non, je dis « non » pour oui. C'est à cause de la physio-nomie.

DU TRÉTEAU.

Eh ! bien, il y a d'autres mots. Si vous dites non, pour oui, il n'y a plus moyen de s'entendre. Dites un mot qui ne dit rien : « chapeau » par exemple !

BOUVARD.

Chapeau ! c'est ça ; mais continuez donc !

DU TRÉTEAU, à Bouvard.

Trop aimable. (Continuant.) Alors, voulez-vous savoir ce qu'a fait la jeune fille aujourd'hui même ?...

CARLIN.

Chapeau ! chapeau !

DU TRÉTEAU.

Hein ! quoi, chapeau !... oh ! oui... Eh bien, elle a fait une conspiration, soulevé le lycée, et s'est fait bel et bien enlever par son amoureux.

BOUVARD.

Alors ?

DU TRÉTEAU.

Vous voyez d'ici le scandale...

CARLIN,

Chapeau! chapeau!

DU TRÉTEAU.

Enfin, je ne sais pas ce qui va en résulter, mais je conseille au bonhomme, un nommé Bouvard, je crois bien, de ne pas se faire pincer.

BOUVARD.

Ah ! mon Dieu, je suis dans de beaux draps! (A Carlin.) Tenez, voilà votre portrait..

CARLIN.

Voyons. (Il prend la silhouette.) Qu'est-ce que c'est que ça ? Ça n'est pas moi. Ça ressemble à M. Thiers.

BOUVARD.

C'est vrai... mais avouez que c'est bien lui.

DU TRÉTEAU.

Je ne vous dis pas le contraire, mais enfin, vous garantissez la ressemblance.

BOUVARD.

Parfaitement, mais je ne dis pas avec qui...

CARLIN.

Enfin, qu'est-ce que vous voulez, pour le prix, c'est encore heureux que ça ressemble à quelqu'un !

Ils gagnent le café avec du Tréteau.

BOUVARD, tombant sur sa chaise.

Eh bien ! j'ai fait un joli coup !

DU TRÉTEAU.

Tiens, bonjour ! Anita... bonjour, madame Églantine. (A Carlin.) Y-a-t-il une place pour mon ami et moi à votre table ?

ÉGLANTINE.

Comment donc...

CARLIN, bas à du Tréteau.

Vous n'y pensez pas ! avec des courtisanes !

DU TRÉTEAU.

Eh bien! quoi !

CARLIN.

Ah! si mon étude me voyait... Ah! ma foi, tant pis! ohé! ohé!

ANITA.

Ah! du Tréteau, mène-nous donc voir Fatma.

DU TRÉTEAU.

Tiens, demande ça à Carlin... moi, je reste là, j'ai soif...

ANITA.

Vous voulez, monsieur ?...

CARLIN.

Mais très volontiers... Où est-ce ?

ANITA.

Par là... (A du Tréteau.) A tout à l'heure.

CARLIN, sortant, aux bras deux femmes.

Ohé! ohé!

BOUVARD.

Où tout cela va-t-il me mener ? On finira par me pincer... et alors... les bancs... les affreux bancs de la correction- nelle...

SCÈNE IV

LES MÊMES, FINETTE.

FINETTE, arrivant vêtue d'un cache-poussière, la tête dans une mantille.

Ah! Apollon, je te retrouve !

BOUVARD.

C'est toi ! Malheureuse que viens-tu faire ?

FINETTE.

Ah! c'est un coup d'audace, une inspiration que j'ai eue... J'ai écrit à Saboulot.

BOUVARD.

Toi!

FINETTE,

Oui, une lettre anonyme signée une dame voilée, lui donnant rendez-vous ici.

BOUVARD.

Et pourquoi faire ?

FINETTE.

Comment, pourquoi faire?... Pour qu'il renonce une bonne fois à moi ! Tu comprends que quand il m'aura vue ici...

BOUVARD.

Eh bien ! elle est jolie, ton idée !... Et moi, alors, est-ce que je pourrai t'épouser ?

FINETTE.

Oh ! toi, tu es artiste... Tu n'es pas universitaire, tu as des vues larges... et puis, tu sais que tu n'as pas à douter de moi ...

BOUVARD.

Finette, c'est de la folie ! Vois-tu, nous avons pris une fausse route... rebroussons chemin... Crois-moi, je vais te le dire, comme chose... machin... Hamlet.

« Rentre au Lycée, Finette, rentre au Lycée. »

FINETTE.

Hein ! au Lycée ! Ah ! bien, tu es bien bon...

BOUVARD.

Il n'y a pas de « tu es bien bon ! » Réfléchis ! Je te le dis bien gentiment.

I

Oui, crois-moi, Finette,
C'est une boulette,
Que nous faisons là !
On n'est qu'une bête,
Lorsque l'on s'entête.
Bah ! mon Dieu, voilà !
C'est une boulette !
Mais dam', elle est faite,
Reconnaissons-la !
Vla itou, vla itou vla itou lala !

II

Mon Dieu, qu'on me traite
Moi, de girouette,
J'y conseus, mais là !
Souvent on se jette
Bien à l'aveuglette,
Dans l'pétrin, oui dà !
Not'poud'd'escampette,
N'est qu'une boulette,
Bien restons-en là !
Vla itou vla itou vla itou lala !

(Parlé.) Alors c'est convenu ! Tu rentres au lycée !

FINETTE.

Moi, jamais de la vie! Je suis ici... Saboulot va venir...
L'occasion est exceptionnelle. J'en profite.

BOUVARD.

Mais qu'est-ce que tu vas faire ?

FINETTE.

Je n'en sais rien, mais le ciel m'inspirera !

On entend la ritournelle d'une valse.

SCÈNE V

Les Mêmes, LE RÉGISSEUR, puis L'EMPLOYÉ.

LE RÉGISSEUR, à Bouvard.

Vous n'avez pas vu l'employé ?

BOUVARD.

Non, monsieur le régisseur. (Apercevant l'employé.) Ah !
si, le voilà !

LE RÉGISSEUR.

Ah ! (A l'employé.) Eh bien ! avez-vous fait ce que je vous
ai dit?

L'EMPLOYÉ, bien content de lui.

Oui, monsieur, je l'ai fait... Mademoiselle Satinette est venue tout à l'heure et je l'ai fichée à la porte. Elle a été furieuse et elle a dit qu'elle enverrait du papier timbré.

LE RÉGISSEUR.

Comment, imbécile ! Vous l'avez renvoyée ! Mais vous êtes fou ! J'ai dit de l'afficher dehors, de la mettre sur l'affiche. Quelle buse !... Courez !... tâchez de la retrouver.

L'EMPLOYÉ, ahuri, se sauvant.

Oui, monsieur. (A part.) Ils ne savent pas ce qu'ils veulent.

LE RÉGISSEUR.

Ah ! le crétin !... Hein ! monsieur Bouvard je suis dans de beaux draps, je vais être obligé de mettre une bande sur l'affiche... Ce début qui est annoncé depuis si longtemps... quel effet cela va faire !...

FINETTE, subitement.

Eh ! Mais le voilà, mon moyen !

BOUVARD.

Quoi ?

FINETTE.

Tu ne diras pas que ce n'est pas le ciel qui l'envoie, celui-là... (Au régisseur.) Monsieur, ne changez rien, ne mettez pas de bande sur l'affiche. Il vous faut une mademoiselle Satinette, je serai cette Satinette.

BOUVARD.   LE RÉGISSEUR.

Toi !   Vous !

FINETTE.

Que faut-il faire ? Chanter ! Je m'en charge.

BOUVARD.

Comment, toi, monter sur les planches ! Mais tu n'y penses pas...

FINETTE, marchant sur lui.

Est-ce que tu aurais aussi de sots préjugés bourgeois. Monter sur les planches, où est le mal ? Es-tu artiste, oui ou non ?

BOUVARD.

Mais...

FINETTE.

Enfin, peux-tu m'obtenir autrement. Non, eh bien, alors, contente-toi de savoir que je suis une honnête fille et que je travaille pour notre bonheur! Il faut que Saboulot soit forcé de renoncer à moi.

BOUVARD.

Mais sais-tu seulement ce que tu vas être obligée de leur chanter? Mais des choses comme ça!

Il fait la mimique des chansons de café-concert.

FINETTE.

Oh! j'ai ce qu'il faut... Une chanson que chante la cuisinière à maman, ainsi!... Allons, venez.

Sortie de Finette.

BOUVARD.

Ce n'est pas sérieux... c'est de la folie... tu ne feras pas cela.

Il s'élance derrière elle et se cogne dans Saboulot.

SCÈNE VI

BOUVARD, SABOULOT, DU TRÉTEAU, LA FOULE.
UNE COCOTTE est assise au café, UN GARÇON.

SABOULOT, à Bouvard.

Pardon, monsieur.

BOUVARD.

Saboulot! Lui! (Se dissimulant dans son mouchoir, comme s'il avait une rage de dents.) Ça n'est pas moi!

SABOULOT.

Qu'est-ce qu'il raconte? (A Bouvard.) Je voulais vous demander si vous n'auriez pas vu une dame voilée qui eut l'air de chercher un jeune homme.

6

BOUVARD, même jeu.

Non, j'ai pas vu, j'ai pas vu...

SABOULOT.

Figurez-vous... (Bouvard fait un mouvement d'impatience.) Vous souffrez des dents, je connais ça. Figurez-vous que c'est bien drôle.

BOUVARD, même jeu.

Parfaitement, mais ça n'est pas moi que ça regarde. Pour les choses drôles, adressez-vous ailleurs... Tenez, le monsieur là-bas, qui est tout seul. (Il s'élance à la suite de Finette.) Oh ! je saurai bien la dissuader.

SABOULOT.

Ah ! c'est lui qui est chargé... Je vous demande pardon... Il y a un monsieur spécialement... Comme c'est monté... ce jardin de Paris !... (A du Tréteau qui est toujours assis à la table.) Bonjour, monsieur... (Du Tréteau, très étonné, se soulève et salue.) Ne vous dérangez pas... Il paraît que c'est vous que ça regarde... Eh ! bien, voilà !... Figurez-vous que je reçois un billet ainsi conçu : Venez ce soir au Jardin de Paris, vous ne perdrez pas votre soirée. Signé : une dame voilée.

DU TRÉTEAU.

Mais, monsieur, qu'est-ce que vous voulez que ça me fasse ?

SABOULOT.

Non, mais laissez donc !... (Appelant.) Garçon, une chartreuse.

LE GARÇON.

Voilà, monsieur.

DU TRÉTEAU.

Ah ! mais, il m'ennuie, ce toqué !...

Il emporte sa consommation à l'intérieur du café.

SABOULOT.

Pas aimable ! le monsieur aux choses drôles...

LA COCOTTE, à Saboulot.

Vous permettez que je mette mes soucoupes sur votre table ?

SABOULOT.

Comment donc ! madame, s'il ne faut que ça pour vous être agréable...

LA COCOTTE.

Vous êtes bien aimable !

SABOULOT, à part.

Je me demande en quoi ces soucoupes la gênaient devant elle.

LA COCOTTE.

Garçon !... Monsieur a mes soucoupes.

SABOULOT.

Parfaitement ! les voilà... (A part.) Est-ce qu'elle a peur que je les mette dans ma poche ? (Voyant 'la foule qui s'assemble autour du café.) Dites-moi donc, garçon... pourquoi tout ce monde ?

LE GARÇON.

C'est pour entendre la débutante qui va chanter dans un instant !

SABOULOT.

Ah !

ANITA, revenant ainsi qu'Eglantine au bras de Carlin.

Tiens, notre place est prise !

CARLIN.

Pas de chance ! (Reconnaissant Saboulot.) Tiens, M. Saboulot.

SABOULOT.

Ah! le notaire !... (Saluant.) Monsieur Griffon.

CARLIN.

Non, Carlin !

SABOULOT.

Carlin, c'est juste. Ah! je suis heureux de vous rencontrer pour vous faire mes excuses pour l'inqualifiable méprise du contrat... Mais prenez donc place à ma table. (Faisant signe aux deux femmes de s'asseoir.) Mesdames !... (Appelant.) Garçon!

ANITA.

Oh! je n'ai pas soif.

SABOULOT.

Du feu!

ANITA.

Et nous, du champagne.

SABOULOT, il allume son cigare.

Hum! v'là ce que je craignais!

BOUVARD.

J'ai eu beau faire... elle ne veut rien écouter... Elle va chanter... Oh! mes jambes flageollent.

CHŒUR DE LA FOULE DES VOIX.

— Eh! bien, voyons la débutante,
— Vous connaissez la débutante.
— La débutante, elle est charmante.
— Nous allons voir la débutante,
— Comment est-ell' la débutante?
— Vient-ell' bientôt, la débutante?
— Eh! bien voyons la débutante,
— Ça, le public s'impatiente
       — Débutante! Débutante!
       — Débutante! Débutante!

FINETTE, paraissant sur l'estrade, à part.

Eh! la voilà, la débutante,
    A votre disposition!
(Parlé.) Saboulot est là, tout va bien!

Chantant.

Messieurs, mesdames, je vous chante
    « Le conseil de révision. »

LA CHANSON DU CONSEIL DE RÉVISION.

I

Victime d'une étrange erreur,
Quand Toinon naquit à la vie,
Comme un garçon, par un malheur,
On l'inscrivit à la mairie,
Mais, amère dérision,
Aujourd'hui qu'elle est grande et belle,

V'là qu'au conseil de révision,
Comme un garçon, crac, on l'appelle.

Cré nom de nom, nom d'un pompon,
Quoi, devant ces hommes de guerre
Faudra montrer... si l'on est bon
Pour le service militaire...
    Cré nom de nom!

SABOULOT.

Oh! que c'est curieux... cette voix...

FINETTE.

Saboulot ne me voit pas... attends un peu.
    Elle descend de l'estrade et gagne le milieu de la scène.

II

La voilà donc devant l'conseil :
Et v'lan chacun qui s'déshabille,
Les v'là tous dans un appareil
Qui f'rait loucher une honnête fille !
Ah! m'sieur, dit-elle au commandant,
Mais je suis une demoiselle!
Taratata! beau garnement,
Nous connaissons cette ficelle.

Cré nom de nom, nom d'un pompon,
Firent tous ces hommes de guerre,
Nous verrons bien... si vous êtes bon
Pour le service militaire...
    Cré nom de nom!

III

Force fut à la pauvre enfant,
Toute rouge, et toute penaude,
De prouver péremptoirement,
Qu'elle n'avait pas fait fraude,
Quand on vit, nouvelle Phryné,
La belle fillette apparaître
D'vant c't'aréopage étonné,
Jugez ce que cela dut être.

6.

Cré nom de nom, nom d'un pompon,
Firent tous ces hommes de guerre,
Cré nom de nom... j'crois bien qu'c'est bon, *Bis en chœur.*
Pour le service militaire.
    Cré nom de nom !

TOUS.

Bravo, bravo !...

    On lui lance des bouquets.

SABOULOT, se levant.

Oh ! j'en aurai le cœur net...

    Il s'approche de Finette.

FINETTE.

Bonjour, monsieur Saboulot !...

    Elle lui fait une révérence moqueuse.

SABOULOT.

C'est elle !

CARLIN, qui a les deux femmes à son bras.

Hein ! qu'est-ce que je disais ?

SABOULOT, voyant Bouvard qui a ramassé tous les bouquets et s'est élancé à sa suite.

Et ce scélérat d'Apollon Bouvard avec elle !

CARLIN.

Hein !... Apollon Bouvard... C'est Apollon Bouvard, vous dites ?... Tenez, prenez donc le bras de ces dames...
Il lui passe les deux femmes, et s'élance à la suite de Bouvard.

SABOULOT.

Hein ! quoi ?... Oh ! merci !... Je suis bien disposé !... (A du Tréteau qui entre.) Tenez, allez donc faire faire un tour à ces dames.

DU TRÉTEAU.

Hein !... Anita... Eglantine, allons faire un tour. (Il emmène les deux femmes.) En voilà un toqué !

SABOULOT, très agité.

Elle !... c'est elle !... Elle en est arrivée à chanter sur des tréteaux !... de café-concert !... Oh ! ce dernier coup comble la mesure !... C'est fini... j'y renonce... Elle s'est assez moquée de moi!... Qu'elle épouse son Bouvard, si elle le veut.

LE GARÇON.

Monsieur... vous oubliez les consommations!

SABOULOT.

C'est juste... Combien?

LE GARÇON.

Vingt francs cinquante centimes.

SABOULOT.

Comment vingt francs cinquante centimes?

LE GARÇON.

Oui... une champagne : quinze... une chartreuse, seize... quatre soucoupes, dix-neuf francs cinquante centimes.

SABOULOT.

Comment, quatre soucoupes !... Mais je ne les prends pas... C'est la dame qui était là qui les a mises sur ma table.

LE GARÇON.

Oui... pour que vous lui offriez les consommations.

SABOULOT.

Ah! bien... elle est forte!... alors, il faut que... Non, c'est d'une indiscrétion... Et puis, en tout cas, ça fait dix-neuf francs cinquante.

LE GARÇON.

Et votre cigare, un franc.

SABOULOT.

Mais il est à moi... ce cigare!

LE GARÇON.

Ah! pardon!... alors ce n'est que cinquante centimes... vingt francs, monsieur.... c'est vingt francs seulement.

SABOULOT.

Eh! bien, je la retiens votre maison!... Vous dites vingt francs... Tenez, voilà un louis... gardez le reste pour vous.

SCÈNE VII

LES MÊMES, MONSIEUR et MADAME BICHU, UN GOMMEUX.

MADAME BICHU.

Eh ! bien, as-tu demandé où on le trouverait, ce Bouvard ?

BICHU.

Non !

MADAME BICHU.

Qu'est-ce que tu attends ?... Demande au contrôle.

BICHU.

J'y vais, Galathée !...

Il sort.

UN GOMMEUX, à madame Bichu qui lui tourne le dos.

Eh ! la belle solitaire ! (Il lui pince la taille. — Madame Bichu se retourne.) Oh ! de la vieille garde !

Il s'échappe en sautillant.

MADAME BICHU.

Impertinent !... A quoi est exposée une femme seule ! (Elle baisse sa mantille.) Saboulot !... c'est le ciel qui l'envoie ! (Haut.) Monsieur Saboulot !

SABOULOT.

Ma femme voilée !... La voilà donc la vengeance ! (Haut, lui pinçant la taille.) Eh ! petite gamine, va !

MADAME BICHU.

Ah ! mon Dieu !

SABOULOT, lui pinçant la taille.

Ah ! qui qui l'est la petite femme à son Coco ?

MADAME BICHU.

Ah ! mon Dieu !... mais il est fou !... Saboulot, voyons !

Elle relève sa mantille.

SABOULOT.

La mère Bichu !... J'ai la berlue !...

MADAME BICHU.

Ah ! ça, monsieur, est-ce que vous me prenez pour une horizontale !

SABOULOT.

Oh ! croyez bien...

BICHU, à madame Bichu.

Me voilà !... Tiens, Saboulot !...

Ils se serrent la main.

MADAME BICHU.

Ah ! si vous saviez, mon pauvre monsieur Saboulot, toutes les catastrophes qui nous arrivent... Un misérable a enlevé ma fille !

SABOULOT.

Je sais tout, madame, et j'allais justement, à mon grand regret, vous rendre votre parole.

MONSIEUR et MADAME BICHU.

Comment ?

SABOULOT.

Vous comprenez que je ne puisse plus songer à épouser une personne qui se compromet avec un autre..., qui se donne en spectacle dans un jardin public.

MADAME BICHU.

Qu'est-ce que vous dites ?

SABOULOT.

Si vous étiez arrivée plus tôt, madame, vous auriez entendu votre fille chanter sur cette estrade « le Conseil de Révision. »

BICHU.

Ma fille ?

MADAME BICHU.

Ma fille chantait !... ah ! ah ! ah !

Elle a une crise de nerfs.

BICHU.

Allons ! bon... Ne te trouve donc pas mal, c'est pas le moment.

FINETTE.

Eh ! bien, où donc le notaire a-t-il emmené Apollon ?
(Se cognant dans sa famille.) Papa, maman !... Maman, papa !

BICHU.

Finette !...

MADAME BICHU.

Malheureuse enfant !...

BICHU.

Détestable fille !

MADAME BICHU.

Toi ! toi ! ici !... Tu es la honte de ta famille !

FINETTE.

Ah ! maman !

BICHU.

Mais qui ?... mais qui voudra de toi maintenant ? Malheureuse petite ?... Monsieur Saboulot vient de nous rendre notre parole.

FINETTE.

Il a fait ça !... Ah ! merci, monsieur Saboulot.

SABOULOT.

Hein ! il n'y a pas de quoi !

MADAME BICHU.

Enfin, qui voudra t'épouser ?

TOUS.

Qui ? qui ?

BOUVARD, entrant.

Mais moi !

MONSIEUR et MADAME BICHU.

Apollon Bouvard !

BICHU, s'élançant sur Bouvard tandis qu'on le retient.

Vous, le bagne.

MADAME BICHU.

L'échafaud !

BOUVARD.

Non, (S'avançant.) monsieur, je ne suis plus le petit peintre que vous connaissiez. J'ai la chance de vendre mes tableaux au poids de l'or.

BICHU.

Vous?... Depuis quand !

BOUVARD.

Mais depuis aujourd'hui... Me voilà coté... J'avais un tableau, un tableau dont tout le monde me refusait deux cents francs. Alors, j'ai eu une idée de génie. J'en ai demandé trente mille francs. On me l'a acheté tout de suite.

MONSIEUR et MADAME BICHU.

Trente mille francs !

SABOULOT.

Allons donc !

CARLIN.

Parfaitement !... C'est même à mon étude que monsieur aura à les toucher.

BICHU.

Ça peut donc gagner de l'argent, un peintre ?

BOUVARD.

Monsieur Bichu, j'ai l'honneur de vous demander la main de mademoiselle Finette Bichu, votre fille, que j'aime !

FINETTE, à Bouvard.

Et qui vous le rend bien.

BOUVARD.

Que répondez-vous ?

BICHU.

Ah ! que voulez-vous? vous avez des **arguments sans** réplique.

BOUVARD.

Ah! Finette !

FINETTE.

Ah ! Apollon !

SABOULOT.

Sujet de pendule, va !

Tout le monde entre. — On entend une détonation.

BICHU.

Qu'est-ce que c'est que ça ?

BOUVARD.

C'est le feu d'artifice qui commence.

SABOULOT.

V'là ! C'est le bouquet.

Le fond de la scène s'illumine de feux de Bengale et l'orchestre joue la ritournelle d'un quadrille qui est précisément l'air de la Lycéenne sur lequel la foule danse le quadrille, pendant que Finette chante sur le même air la chanson au public.

BOUVARD.

Amis, avant que de partir,
La Lycéenne vous en prie,

FINETTE.

Contre elle, n'allez pas sévir,
Pardonnez son grain de folie.

SABOULOT.

Et si notre lycée ici
A fait un triste phénomène,

FINETTE.

Prenez-vous en au lycée, oui,
Mais non pas à la lycéenne.

TOUS.

Chahut! chahut! chahut!
Pour couronner notre but
Des bravo,
A gogo.
Allez-y, n'ayez pas l'trac!
Chahut! chahut! chahut!
Pour couronner notre but,
Clic et clac,
Encore bravo,
Chaud! chaud! chaud!

Le quadrille redouble de frénésie. Fusées et détonations.

Rideau.

FIN

Imprimerie générale de Châtillon sur Seine. — A. Pichat.